VII

NOTES ET DOCUMENTS

SUR TROIS

FAIENCERIES DU BORDELAIS

AU XVIIIᵉ SIÈCLE

(PODENSAC. — SADIRAC. — LIGNAN)

PAR

Ernest LABADIE

Membre de la Société des Archives historiques de la Gironde.

MACON

PROTAT FRÈRES, IMPRIMEURS

1910

DOCUMENTS POUR SERVIR A L'HISTOIRE DE LA CÉRAMIQUE
DANS LE SUD-OUEST DE LA FRANCE

NOTES ET DOCUMENTS

SUR TROIS

FAÏENCERIES DU BORDELAIS

AU XVIIIᵉ SIÈCLE

OUVRAGES DU MÊME AUTEUR

DOCUMENTS POUR SERVIR A L'HISTOIRE DE LA CÉRAMIQUE
DANS LE SUD-OUEST DE LA FRANCE

I. — LETTRES SUR LA CÉRAMIQUE : Correspondance de Jacques Hustin, faïencier bordelais (1715-1720), Bordeaux, 1904, in-8.

II. — LE PHARMACIEN BORDELAIS MARC-HILAIRE VILARIS et la découverte du premier gisement de kaolin en France (1766-1768). *Revue philomathique de Bordeaux*, 1907, avec un portrait de Vilaris. (Tirage à part.)

III. — NOTES ET DOCUMENTS sur quelques Faïenceries et Porcelaineries de la Gascogne au XVIIIᵉ siècle (Samadet, Bayonne, Saint-Maurice et Ligardes ; Dax, Ciboure et Ponteux). *Revue de Gascogne*, 1907-1908. (Tirage à part.)

IV. — NOTES ET DOCUMENTS sur quelques Faïenceries de l'Agenais et du Bazadais. *Revue de l'Agenais*, 1907. (Tirage à part.)

V. — NOTES ET DOCUMENTS sur trois Faïenceries Libournaises du XVIIIᵉ siècle (Libourne, Fronsac et Lussac). *Mâcon*, 1909, in-8°.

VI. — NOTES ET DOCUMENTS sur quelques Faïenceries du Périgord du XVIIIᵉ siècle (Bergerac, Thiviers, Le Bugue, Le Fleix). *Bulletin de la Société hist. et arch. du Périgord*, 1909, avec deux plans et deux planches en couleurs. (Tirage à part.)

EN PRÉPARATION

VIII. — UNE MANUFACTURE DE PORCELAINE à Bordeaux sous Louis XVI.

IX. — UNE MANUFACTURE DE FAÏENCE FINE ou terre de pipe à Bacalan-Bordeaux (1830-1835).

X. — HISTOIRE DES FAÏENCERIES BORDELAISES des XVIIIᵉ et XIXᵉ siècles.

VII

NOTES ET DOCUMENTS

SUR TROIS

FAÏENCERIES DU BORDELAIS

AU XVIIIᵉ SIÈCLE

(PODENSAC. — SADIRAC. — LIGNAN)

PAR

Ernest LABADIE

Membre de la Société des Archives historiques de la Gironde.

MACON

PROTAT FRÈRES, IMPRIMEURS

1910

AVANT-PROPOS

Les notes et documents que nous publions aujourd'hui sur trois faïenceries du Bordelais au xviiiᵉ siècle ne sont que la suite d'une série d'études semblables que nous avons déjà éditées sur certaines faïenceries du Bazadais et de l'Agenais, de la Gascogne, du Périgord et du Libournais, études dont on trouvera la liste exacte au verso du faux-titre de la présente publication.

Les documents concernant ces trois fabriques ont été découverts par nous, comme ceux que nous avons déjà publiés sur les autres ateliers de la région, dans certains dépôts publics, comme les Archives départementales de la Gironde, les Archives nationales à Paris et dans les pratiques de quelques notaires bordelais, documents qui n'avaient jamais été encore signalés, de sorte que nous sommes le premier à faire connaître, à l'aide de ces pièces d'archives inédites et même inconnues jusqu'à présent, tous ces établissements de céramique qui ont existé dans la seconde moitié du xviiiᵉ siècle dans le Sud-Ouest de la France et qui étaient restés ignorés.

Toutes ces faïenceries n'offrent, il faut bien le dire, qu'un intérêt de second ordre au point de vue de l'art céramique, leurs produits sont plutôt médiocres, à l'exception peut-être de quelques fabriques comme celles de Samadet, de Bergerac et d'autres encore, dont certaines faïences ne feraient pas trop mauvaise figure à côté de celles de Rouen et de Nevers si elles étaient mieux connues, mais la création de tous ces ateliers présente un intérêt réel pour l'étude du mouvement industriel, des arts et manufactures, comme on disait à l'époque, qui prit alors un si grand développement sous l'impulsion bienfaisante des intendants de province et des grands ministres comme de

Machault, Bertin, Trudaine et d'autres dont les noms nous échappent.

Ces documents inédits relatifs à certaines faïenceries du Sud-Ouest inconnues nous les avons trouvés pour ainsi dire comme par hasard : c'est en faisant des recherches dans les dépôts publics, archives et bibliothèques, sur les fabriques bordelaises dont nous comptons écrire un jour l'histoire, que nous les avons rencontrés et nous nous sommes empressé, nous rendant compte de leur intérêt, de les recueillir, de les grouper et de les publier avec des notes explicatives dans les revues de la région où ces ateliers avaient existé, comme les Revues de Gascogne, de l'Agenais et du Périgord, espérant ainsi attirer sur ces faïenceries l'attention des érudits de ces pays qui pourront ainsi faire sur place de nouvelles recherches sur ces établissement céramiques et faire connaître d'une manière définitive leur fonctionnement et leurs produits.

C'est à la Société des Archives historiques de la Gironde dont nous faisons partie que nous avons communiqué les documents que nous avions découverts sur les trois faïenceries du Libournais, documents qui ont été publiés dans le tome XLIII de la Société. Nous en avons fait faire un tirage à part et nous les avons accompagnés de notes assez étendues sur chacun des trois ateliers de Libourne, Fronsac et Lussac. C'est dans les mêmes conditions que nous publions aujourd'hui nos Notes et Documents sur trois faïenceries du Bordelais au xviiie siècle, à Podensac, Sadirac et Lignan, documents qui ont paru dans le tome XLIV des *Archives historiques de la Gironde* et qu'on trouvera ici à la fin de cette brochure comme pièces justificatives des notes que nous y avons ajoutées.

Bordeaux, avril 1911.   E. L.

NOTES ET DOCUMENTS

SUR TROIS

FAÏENCERIES DU BORDELAIS AU XVIIIe SIÈCLE

(PODENSAC, SADIRAC et LIGNAN.)

En 1762, lorsque des demandes furent adressées à l'autorité supérieure pour créer des ateliers de faïencerie à Podensac, à Sadirac et à Lignan, dans le Bordelais, il existait à Bordeaux depuis un demi-siècle une manufacture très importante dont le privilège, renouvelé plusieurs fois, allait expirer définitivement cette année, et c'est pour cela que des faïenciers cherchèrent à s'établir à Bordeaux et aux environs.

Jacques Hustin, d'origine flamande, mais sans précédents céramiques, comme on l'a cru, appartenant à l'administration de la marine, arriva à Bordeaux au commencement du dix-huitième siècle par le simple hasard des déplacements administratifs. En 1712 il était trésorier de la marine dans cette ville, lorsqu'il s'associe avec un peintre céramiste, originaire de Nevers, qui avait créé un petit atelier pour la fabrication de la faïence, et grâce aux subsides que lui fournit un riche capitaliste, M. de Lamolère, directeur de la Monnaie, il put acheter un vaste terrain aux portes de la ville, dans le faubourg Saint-Seurin, y construire une manufacture importante et obtenir en 1714 un privilège pour la fabrication de la faïence dans un rayon de dix lieux et pour une durée de quinze années à partir du 1er janvier 1715 [1].

1. Lettres patentes publiées dans le t. XXIV (1884-85) des *Archives historiques de la Gironde*.

Le privilège de Hustin, obtenu par lettres patentes en date du 13 novembre 1714, fut renouvelé par d'autres lettres patentes, le 30 avril 1729, pour une nouvelle durée de vingt années[1] et le 29 juin 1752 pour une autre durée de dix années qui allait donc expirer le 1er juillet 1762[2]. Par conséquent personne jusqu'à présent n'avait pu établir une autre faïencerie dans un rayon de dix lieues autour de Bordeaux et Hustin, qui avait fait de grands frais pour construire sa manufacture, avait intérêt à éviter toute concurrence et il avait bien soin de s'opposer à toute tentative de fabrication du produit dont il avait le monopole sur l'étendue du territoire qui lui avait été accordée.

Il alla même jusqu'à vouloir interdire la fabrication de ce qu'il appelait de la faïence couleur café et qui était par le fait, non de la faïence proprement dite, mais de la poterie vernissée, que plusieurs potiers de la région fabriquaient couramment et depuis longtemps, poteries dont la couverte plombifère et vitreuse ne pouvait être que colorée en jaune, en vert ou en couleur café par des oxydes de chrome, de cuivre ou de manganèse, mais ne pouvait supporter le décor polychrome comme la vraie faïence à couverte stannifère blanche et opaque. Par conséquent ces deux produits étaient tout à fait différents et Hustin, dont le privilège ne comprenait que la faïence et non la poterie qui se fabriquait partout, était mal venu lorsqu'il prétendait que lui seul, en vertu de son privilège, avait le droit de fabriquer ce dernier produit. C'est ce qu'on lui fit comprendre probablement lorsqu'il voulut poursuivre, en 1716 et 1717, deux potiers de Sadirac et de Mérignac qui produisaient dans leurs ateliers de cette poterie couleur café[3]. Mais il trouva un moyen détourné et, grâce à l'influence de son commanditaire M. de Lamolère, qui était alors Conseiller du Roi à Paris et qui y avait de hautes influences, il obtenait le 4 octobre 1718 du Conseil du Roi des lettres patentes confirmant celles qui

1. Lettres patentes publiées dans *Les Anciennes faïences de Bordeaux*, par le Dr Azam, *Bulletin de la Société archéologique de Bordeaux*, 1878, p. 185 et suivantes.
2. Lettres patentes publiées dans le t. XXIV (1884-85) des *Archives historiques de la Gironde*.
3. Voir *Lettres sur la Céramique, Correspondance de Jacques Hustin (1715-1720)*, publiées par nous en 1904, p. 4 et suivantes.

lui avaient été octroyées en 1714 et lui accordant encore le privilège de la fabrication de la « porcelaine contrefaite ou fayance grise couleur de caffé » pour le temps qui restait de son privilège et dans l'étendue de dix lieues aux environs de la ville de Bordeaux [1].

En 1742 Hustin adressait à l'autorité de nouvelles plaintes contre des potiers de Sadirac, de Fronsac et d'Eysines, aux environs de Bordeaux, qui fabriquaient aussi de la faïence blanche ou grise et il obtenait même que leurs marchandises fussent saisies [2].

En 1757 un faïencier du nom de Denis Molinier, venant de Montauban, demanda au Conseil du Roi des lettres patentes pour établir à Bordeaux une seconde manufacture, faisant ressortir qu'une seule fabrique ne peut suffire à la consommation de la ville. Mais Hustin fit valoir son privilège et la demande de Molinier fut rejetée [3].

Un cas semblable se présenta en 1756-1757. Un négociant bordelais, Jacques-Philippe Vande Brande, voulut créer une faïencerie à Libourne où il possédait une verrerie et il sollicita une autorisation. Hustin intervint encore. Mais cette fois M. Vande Brande fit valoir un argument assez spécieux : il expliqua que si Libourne était à moins de dix lieues de Bordeaux par la voie de terre, par la voie de mer, c'est-à-dire par la Dordogne et la Garonne, par laquelle devaient se faire les transports de certaines marchandises comme la faïence, cette ville était beaucoup plus éloignée et en dehors de la zone réservée à la manufacture bordelaise. Cet argument fut accepté, des lettres patentes furent délivrées à M. Vande Brande et dès l'année 1760 la manufacture de Libourne fonctionnait [4].

Ainsi le privilège de Hustin, le propriétaire de la manufacture du faubourg Saint-Seurin de Bordeaux, ayant empêché toute autre fabrique de s'établir dans le Bordelais, sauf celle de Libourne, il n'y avait dans cette région, lorsque des autorisations sont demandées en 1762 de créer des faïenceries à Podensac, à Sadirac et à Lignan, que deux ateliers céramiques, ceux de Bordeaux et de Libourne.

1. Lettres patentes publiées par le Dr Azam, op. cit.
2. Pièces inédites concernant cette affaire aux Archives dép. de la Gironde, C. 1608.
3. Dossier de l'affaire, Archives dép. de la Gironde, C. 1786.
4. Voir nos *Notes et Documents sur trois faïenceries libournaises...* 1909, in 8°.

Plus tard, avant la Révolution et à la suite de l'expiration du monopole de Hustin, d'autres faïenceries seront construites à Bordeaux et dans la région bordelaise, huit dans la ville elle-même et dans ses faubourgs, d'autres à Bazas, à Sainte-Foy, à Fronsac, à Lussac. Nous avons déjà fait connaître ces quatre derniers ateliers, nous avons l'intention de donner l'histoire des faïenceries bordelaises, nous allons fournir ici quelques mots sur les trois ateliers qui font l'objet de cette publication et que les documents qu'on trouvera à la suite nous ont permis d'établir d'une manière authentique.

§ 1. — Faïencerie de Podensac

Podensac est une petite commune d'environ 1700 habitants, chef-lieu de canton du département de la Gironde, arrondissement de Bordeaux, située sur la rive gauche de la Garonne, en amont et à 35 kilomètres de cette ville. C'est la porte de cette région de l'ancien Bordelais, du Sauternais, où se récoltent ces vins blancs célèbres dans le monde entier, les vins de Cérons, de Barsac, de Preignac et de Sauternes et c'est dans cette dernière commune que se trouve le Château Yquem, premier grand crû, dont on a pu dire avec raison qu'il était le roi des vins et le vin des rois.

Cette contrée privilégiée est arrosée par un petit cours d'eau aux bords des plus pittoresques, le Ciron, qui après avoir traversé les terres du Bazadais et du Sauternais, vient se jeter dans la Garonne non loin de Podensac. Le Ciron, devenu célèbre par les vignes renommées qui croissent sur ses rives, a été chanté par les poètes :

> Des lieux où le Ciron en serpentant bouillonne
> Et vient mêler son onde aux flots de la Garonne,
> On voit se dessiner, en groupes gracieux,
> Les monts où s'élabore son nectar précieux.
> A droite on aperçoit la sinueuse chaîne,
> Bordant, comme un feston, le fleuve d'Aquitaine ;
> A gauche, des coteaux qui, bornant l'horizon,

> Paraissent dérouler des tapis de gazon.
> De gothiques châteaux, élevés sur leur crête,
> Au loin de leur pignon montrent le sombre faîte.
> Que leur nom soit modeste ou leur blason altier,
> Chacun d'eux est fameux dans l'univers entier[1].

Un autre poète, plus moderne, a écrit encore :

> Or, c'est moi, Ciron, qui possède,
> Là, sur ces coteaux radieux,
> Le blond nectar dont Ganymède
> Emplissait la coupe des dieux.
> Fi de l'eau plate des citernes,
> Qui laisse l'esprit soucieux,
> Le cerveau froid et les yeux ternes!
> Parlons de ce vin blanc joyeux
> Qui fait flamber cœurs et lanternes,
> Et qui coule d'ici : Messieurs,
> Saluez bas, plus bas :
>   Sauternes[2]!

Au dix-huitième siècle Podensac, qu'on écrivait Poudensac, nom dont l'étymologie est inconnue, était une paroisse de 206 feux, environ mille habitants, de l'archiprêtré de Cernès, diocèse de Bordeaux[3].

On ne sait que peu de choses sur l'histoire de Podensac et l'abbé Baurein lui-même, qui nous a laissé dans ses *Variétés Bordeloises* l'historique très détaillé d'un grand nombre de paroisses de l'ancien diocèse de Bordeaux, est obligé d'écrire : « Que pouvons-nous dire sur une paroisse sur laquelle on ne nous a pas mis à portée d'écrire un seul mot[4] ? » Tout ce qu'on sait, c'est qu'il existait à Podensac un

---

1. *Les Grands Vins de Bordeaux. Poème* par P. Biarnez, Paris, 1849, in-8°. L'auteur de ce poème était né à Podensac en 1795.

2. *Le Ciron raconté par lui-même*, par l'abbé A. Ferrand, curé de Bauroch, paroisse de la rive droite de la Garonne, non loin de Podensac et du pays de Sauternes. Ce petit poème a paru d'abord dans les *Actes de l'Académie de Bordeaux* (t. 68, 1898), dont l'auteur était membre et ensuite dans un beau volume de vers intitulé *Paladins et Gascons*, Bordeaux, 1899, in-8°.

3. Abbé Expilly, *Dictionnaire des Gaules...*, 1768.

4. *Variétés Bordeloises...*, Bordeaux, 1784-86, 6 vol. in-12, et 1876 (seconde édition) 4 vol. in-8°.

château féodal que les ruines qui en subsistent peuvent faire remonter au XIIe siècle. On a découvert en 1898 dans cette commune une mosaïque gallo-romaine du deuxième siècle, avec des substructions qui dénotent l'existence d'une villa romaine, sur les restes de laquelle on aurait construit l'ancien château du moyen âge.

Ce château, bâti au bord de la rivière, était de forme polygonale : Léo Drouyn, dans la *Guienne Militaire*, nous en donne les plans et la description et il nous apprend que les seigneurs de l'endroit furent d'abord, au treizième siècle, les Bertrand de Podensac, puis aux XIVe et XVe siècles Pierre de Cailhau, citoyen de Bordeaux, les Amanieu d'Albret, au XVIe siècle Gaston de Foix, le duc d'Epernon, et les Daulède, et au XVIIIe siècle le président Le Berthon, les Sauvage et les Lur-Saluce. Au XIXe siècle le château, en ruines depuis longtemps, tomba entre les mains d'un capitaine au long cours, puis d'un tonnelier, lequel le vendit à Mgr Donnet, archevêque de Bordeaux, qui y installa des Sœurs de la Sainte Famille [1].

L'église de Podensac, sous le vocable de Saint-Vincent, est du style gothique des XIVe et XVe siècles.

Au commencement de l'année 1762, deux employés de la manufacture de Bordeaux, Mathieu Faugère et Jean Proché, le premier commis et le second ouvrier faïencier, demandèrent l'autorisation d'établir une fabrique de faïence à Podensac. Dans leur requête adressée à l'Intendant de la Généralité de Bordeaux, Ch.-R. Boutin, ils font valoir qu'une seule manufacture à Bordeaux est insuffisante « non seulement pour la consommation des habitants, mais encore pour la multitude des étrangers que le commerce y attire de toutes parts ». Ils ajoutent que « les marchandises qui se fabriquent dans une seule manufacture sont d'un prix exorbitant, que les marchands en détail préfèrent la faire venir des autres villes du Royaume et même de l'étranger, à la prendre chez le sieur Hustin, ce qui se vérifie tous les

---

1. Léo DROUYN, *La Guienne militaire...*, Bordeaux, 1865, t. II, p. 209 et suiv., avec une jolie eau-forte donnant l'aspect moderne du château et les nouvelles constructions qui l'entourent.

ans par la grande quantité de faïence que les Hollandais et les Italiens y apportent chaque foire... »[1].

Il est certain que les Hollandais, qui avaient avec Bordeaux de fréquentes relations commerciales, y expédiaient leurs faïences de Delft dont les formes lourdes et le décor chargé plaisaient aux négociants hollandais qui habitaient alors la capitale de la Guyenne et aux protestants de cette ville, ainsi qu'à ceux de l'Agenais et du Périgord, et les marchands-antiquaires des Pays-Bas, qui viennent chaque année faire des affaires dans la région du Sud-Ouest, savent bien aller chercher ces produits célèbres dans les anciennes familles protestantes de Clairac et de Tonneins, de Bergerac et de Sainte-Foy.

Quant aux Italiens, il est probable qu'il est fait là allusion à ces nombreux marchands ambulants qui, au dix-huitième siècle, parcouraient les foires, les marchés et les grandes routes de la Provence, du Languedoc et de la Gascogne, poussant devant eux ces immenses charrettes chargées de poteries et de faïences communes. Primitivement, au XVIIe siècle, ces colporteurs venaient d'Italie, de Savone, non loin de Gênes, centre très important à cette époque de fabrication céramique. Nous avons rappelé dans nos *Notes et Documents sur quelques anciennes faïenceries de l'Agenais et du Bazadais* (1908) que c'est attelée à un de ces véhicules bizarres qu'est entrée en France, à une époque qu'on ignore, la famille Gambetta, originaire de Gênes, pour aller se fixer ensuite à Cahors où il y a encore, sur la place de l'église, un magasin de faïences et de porcelaines qui porte son nom. C'est là qu'est né le célèbre homme politique. Plus tard, ces marchands ambulants n'étaient plus que des français vendant des produits de fabrication française, mais par habitude on continua à les appeler des Génois, comme on donne le nom de Bohémiens à tous les chemineaux qui rôdent sur nos grands chemins.

L'Intendant de Bordeaux transmit au Conseil du Roi la demande des deux faïenciers, avec avis favorable. Il fait ressortir cependant que « les deux entrepreneurs des fabriques de faïence établies à Bordeaux et à Libourne avaient fait des représentations qui méritaient des égards, l'un et l'autre ont fait des frais considérables qui

---

1. Pièce justificative N° 1.

peuvent tourner à leur ruine si leurs ouvriers les quittent pour former eux-mêmes des établissements de la même nature ». Quoi qu'il en soit l'Intendant est favorable au nouvel établissement proposé « parce que ce n'est qu'en les multipliant que l'on peut exciter l'industrie et même procurer le bon marché... » D'un autre côté il a confiance dans la réussite de cette manufacture parce que « les exposants m'ont dit être en état, avec leurs femmes et leurs enfants, de remplir tous les travaux de cette fabrique, au moyen de quoi, la main-d'œuvre leur coûtant peu de chose, ils pourront livrer leurs marchandises à meilleur compte que celles des manufactures qui ne sont exploitées que par des ouvriers à gages [1]. »

Le 23 mars 1762, le Conseil du Roi « permettait aux sieurs Mathieu Faugère et Jean Proché d'établir au bourg de Poudensac, à compter du premier juillet prochain — époque où expirait le privilège de Hustin, propriétaire de la manufacture de Bordeaux — une manufacture de fayance, pour y fabriquer, vendre et débiter toutes sortes d'ouvrages de fayances, à la charge par eux de n'employer dans leurs fourneaux que du bois de pin, d'ozier et de bruyère [2]. « Le bois dur était réservé, d'après les règlements forestiers, pour la construction.

Les deux faïenciers bordelais, Faugère et Proché, avaient donc obtenu du Conseil du Roi l'autorisation de créer une fabrique à Podensac et ils avaient sans doute l'intention d'y procéder le plus tôt possible, lorsque l'Intendant de Bordeaux reçut une lettre qui dut les obliger d'ajourner l'exécution de leur projet.

Cette lettre émanait d'un sieur Claude Clérissy, qui se qualifiait lui aussi faïencier bordelais, et qui faisait savoir à l'Intendant que Mathieu Faugère, ancien commis à la manufacture de Bordeaux, lui avait proposé de monter une faïencerie pour laquelle il se faisait fort, grâce à la protection d'un très haut personnage de la ville, d'obtenir l'autorisation voulue et que de plus il lui avait promis de fournir la somme de quatre mille livres pour faire face aux dépenses nécessaires de première installation. Clérissy, qui travaillait, ajoute-t-il,

1. Pièce justificative N° 3.
2. Pièce justificative N° 4.

depuis environ cinquante ans chez Hustin, ne voulant pas se mettre mal avec son patron en figurant en titre dans les démarches à faire auprès des autorités, mit en son lieu et place son beau-frère Proché et c'est ainsi que par la protection du premier Président et de l'Intendant lui-même la permission d'établir un atelier à Podensac fut accordée à Faugère et Proché.

L'autorisation une fois obtenue, Mathieu Faugère « enflé d'orgueil » vint trouver Clérissy « qui a du talent » — c'est ce dernier qui parle — « et sans quoy ledit Faugère ne peut rien faire et qui en outre savoit que ledit Proché avoit fait un transport de sa portion de ladite permission sur sa tête par notaire, et l'engagea à sortir de chez le sieur Hustin pour mettre en œuvre ledit établissement et qu'il falloit se transporter au lieu de Poudensac pour prendre connoissance du lieu et arreter un local, *ce qui fut fait* ».

Clérissy et Faugère allèrent donc à Podensac « arréter un local » pour y établir l'atelier qu'ils projetaient et nous savons par la lettre de l'Intendant à Trudaine que ce local était dans le village même de Podensac : « ...les sieurs Faugère et Proché demandent la permission d'établir dans le *village de Poudensac* près Bordeaux une manufacture de fayence[1]... »

Toutes ces formalités remplies Clérissy quitta la manufacture de Hustin et il allait se mettre à l'œuvre, c'est-à-dire entreprendre la construction de la faïencerie, lorsqu'il s'aperçut que Faugère ne peut tenir ses engagements, c'est-à-dire qu'il n'a pas le premier sou de la somme de quatre mille francs qu'il avait dit avoir à sa disposition. Et c'est alors qu'il écrit cette lettre à l'Intendant de Bordeaux pour se plaindre de Faugère et le prier de « faire desister ledit Mathieu Faugère de la portion qu'il a à ladite permission en faveur dudit Jean Proché qui la faira valoir... »[2].

Qu'advint-il après la lettre de Clérissy ? C'est ce que nous ignorons. Faugère se désista-t-il, trouva-t-il la somme nécessaire pour pouvoir faire commencer les travaux de construction de l'atelier, ou bien

1. Pièce justificative N° 5.
2. Voir la lettre de Clérissy, pièce justificative N° 6.

Clérissy et Proché seuls entreprirent-ils cette construction? C'est ce que nous n'avons pu savoir, car cette lettre de Clérissy est le dernier document que nous ayons trouvé sur la fabrique de Podensac. Nous aurons à revenir à la fin de ce paragraphe sur l'existence probable de cette manufacture, mais auparavant nous avons à dire quelques mots sur Claude Clérissy qui, à cause de son nom, mérite d'être connu.

Dans l'histoire de la céramique les noms de Faugère et Proché sont inconnus. Pour ce qui nous concerne nous n'avons pu établir leur état-civil, nous avons appris seulement, par les documents que nous publions ici, que tous deux étaient employés dans la manufacture de Hustin à Bordeaux, le premier comme commis et le second comme ouvrier. Mais le nom de Clérissy est célèbre dans les annales de l'art du faïencier et il est bien connu de tous les amateurs de faïences anciennes.

Les Clérissy étaient les propriétaires de ces ateliers de Moustiers d'où sont sorties au xviiie siècle ces belles pièces de céramique que musées et collectionneurs se disputent aujourd'hui à l'envie. Certains membres de cette famille ont quitté Moustiers pour aller diriger d'autres ateliers à Marseille et à Montpellier [1].

Les Clérissy bordelais étaient venus à Bordeaux au commencement du xviiie siècle, appelés de Montpellier par Jacques Hustin lorsqu'il organisa sa manufacture du faubourg Saint-Seurin. Claude Clérissy, l'auteur de la lettre que nous venons de reproduire, était né à Montpellier en 1707 [2], il vint à Bordeaux avec son père Jean-Baptiste [3], faïencier, vers 1715 et travailla ensuite avec lui, comme peintre en faïence, dans la fabrique de Hustin. Nous possédons l'état civil com-

1. Voir sur les faïenceries de Moustiers : *Histoire de la faïence artistique de Moustiers*, par l'abbé H. Requin, T. I (seul paru), Paris, 1903, in-8°. L'auteur de ce beau livre donne une longue généalogie des Clérissy de Moustiers, de Marseille et de Montpellier, mais il n'a pas connu ceux de Bordeaux.

2. Le 11 décembre 1707. (État civil de Montpellier.)

3. Jean-Baptiste Clérissy était né à Marseille en 1686 où son père, Joseph Clérissy, dirigeait la faïencerie de Saint-Jean-du-Désert. Ce dernier était le fils de Pierre 1er Clérissy qui avait créé à Moustiers à la fin du xviie siècle, la célèbre manufacture des Clérissy. (Voir Abbé Requin, *Histoire de la faïence de Moustiers*, op. cit.)

plet de Clérissy père et fils et nous le ferons connaître lorsque nous ferons l'histoire de la manufacture de Hustin où ils ont dû apporter certains procédés de décoration de Marseille et de Montpellier qu'on retrouve dans quelques anciennes faïences bordelaises.

Claude Clérissy quitta la fabrique de Hustin, comme on vient de le voir, pour monter une manufacture de faïence à Podensac, sous le nom de Jean Proché, son beau-frère, et de Mathieu Faugère, ce dernier devant apporter les fonds nécessaires à l'établissement de cet atelier. Nous venons d'apprendre encore qu'après l'autorisation officielle obtenue, Faugère ne fut pas en mesure de fournir les fonds promis et que Clérissy se vit obligé de demander qu'on reportât l'autorisation sur son beau-frère seul, et nous nous sommes demandé quelle avait été la suite donnée à cette affaire et si une faïencerie avait été établie alors à Podensac.

On peut en douter, mais cependant nous allons mentionner deux faits qui pourraient faire croire à l'existence de cette fabrique, pendant quelques années du moins.

En 1764 Mathieu Faugère passe un acte devant un notaire bordelais par lequel il reconnaît à sa femme, Charlotte-Élisabeth Castera, une somme de quatre mille livres dont elle avait hérité de son père depuis leur mariage[1]. Il faut remarquer que c'est précisément une somme de quatre mille livres que Faugère s'était engagé d'apporter dans la faïencerie projetée de Podensac, et alors on peut supposer, à la rigueur, qu'en prenant cet engagement en 1762 il comptait sur cet héritage de son beau-père qui n'était pas encore décédé, mais que ce dernier étant venu à mourir sur ces entrefaites, Faugère toucha une somme de quatre mille livres pour le compte de sa femme et il put en disposer pour tenir les promesses qu'il avait faites à Clérissy. On aurait pû alors construire l'atelier de Podensac et quelque temps après, en 1764, Faugère fait faire l'acte notarié dont nous venons de parler pour régulariser la créance de sa femme dont le montant avait été employé dans la construction de la faïencerie de Podensac.

---

1. Acte de Lavau, notaire bordelais (étude Chambarière), du 11 avril 1764, contrôlé le même jour (reg. des Contrôles, Archives de la Gironde).

D'un autre côté qu'était devenu Clérissy après avoir quitté la manufacture de Hustin en 1762? Nous le retrouvons plus tard, en 1771, s'associant avec Jacques Vidal, peintre en faïence, pour exploiter une faïencerie « qu'il avait fait construire hors les murs de Saint-Genès, paroisse Sainte-Eulalie [1] ». La présence de Clérissy à la tête de cette faïencerie de Saint-Genès nous prouve qu'il n'était pas revenu à la manufacture de Hustin après en être sorti en 1762 pour entreprendre l'établissement de la fabrique de Podensac. Et on peut encore supposer, d'après ce que nous venons de dire sur Faugère, que cette fabrique fut bien construite, mais que, n'ayant pas réussi, Clérissy l'abandonna pour venir en créer une autre dans un des faubourgs de Bordeaux.

Tout ce que nous venons de dire au sujet de l'existence de la manufacture de faïence de Podensac autorisée en 1762 est hypothétique, les recherches que nous avons fait faire sur place pour en retrouver quelques traces sont restées sans résultat. Mais d'après les arguments que nous avons fait valoir elle a pu avoir été construite et avoir fonctionné pendant quelques années et dans ces cas on pourrait peut-être, en faisant de nouvelles recherches sur les lieux, en retrouver quelque indice, des débris de fours par exemple, et chez quelques anciennes familles des spécimens de ses produits.

§ 2. — FAÏENCERIE DE SADIRAC.

La faïencerie dont nous allons avoir à nous occuper dans ce second paragraphe fut établie dans une localité de l'ancien Bordelais qui a été pendant des siècles un des centres céramiques les plus importants de toute la région.

1. Acte de société par devant Lacoste fils, notaire à Bordeaux, du 7 janvier 1771. La pratique de ce notaire est aux Archives de la Gironde. Plus tard, en 1777, l'atelier de Clérissy, du faubourg Sainte-Eulalie, chemin de Saint-Genès, passa entre les mains de Maignan et Seguin, atelier dont nous aurons à nous occuper dans notre histoire des faïenceries bordelaises. Quant à Clérissy nous perdons sa trace après 1772 ; cette année il se remarie à Bordeaux pour la troisième fois, il avait soixante-cinq ans.

Sadirac est situé dans une des plus riches vallées de ce vaste pays du Bordelais qui par une série de collines sépare la Dordogne et la Garonne, pays appelé pour cela Entre-deux-Mers et qui s'étendait, du nord-ouest au sud-ouest, du Bec d'Ambès, c'est-à-dire de la jonction de ces deux rivières, jusqu'aux confins de l'ancien Bazadais qui autrefois, avant la Révolution, embrassait, sur la rive droite de la Garonne, la plus grande partie de l'arrondissement actuel de la Réole.

Cette ancienne paroisse de l'Entre-deux-Mers, versant de la Garonne, aujourd'hui commune d'environ mille habitants du canton de Créon, arrondissement de Bordeaux, ressortissait, avant la Révolution, à l'archiprêtré de Génissac, à la juridiction de la grande prévôté de l'Entre-deux-Mers et à la subdélégation de Bordeaux.

Voici les notes que nous relevons dans le questionnaire de l'abbé Baurein [1] au sujet de Sadirac : « Église Saint-Martin (abside romane). Il y a beaucoup de potiers qui fournissent à Bordeaux toute la vaisselle de terre, laquelle terre se lève dans la paroisse, ce qui occupe une partie des paroissiens. Il y a 232 feux ou familles. On y voit deux fayanceries. Les principaux châteaux sont le Grand-Verdus au baron de Castelnau, seigneur de la Chalosse, et la maison de Tustal qui vient d'être vendue au marquis de Latresne [2]. »

Sadirac est arrosé par un petit cours d'eau, la Pimpine, qui prend sa source dans la commune voisine, au pied de la colline (101 m. d'altitude) occupé par le bourg de Créon, et qui, après avoir traversé les communes de Sadirac, de Lignan et de La Tresne, sur un parcours de 17 kilomètres, va se jeter dans la Garonne, à 5 ou 6 kilomètres en amont de Bordeaux. C'est dans la vallée formée par la Pimpine, que passe la ligne du chemin de fer de Bordeaux à Eymet.

Le bourg de Sadirac est sur la rive gauche de la Pimpine, à soixante mètres d'altitude. Dans le sous-sol argileux de cette vallée, appartenant au tertiaire oligocène, on a trouvé un banc d'argile plastique

---

1. Bibliothèque de Bordeaux, manuscrits, 737, III.

2. Le château du Grand-Verdus appartient aujourd'hui à M. Legrix de la Salle et celui de Tustal, après avoir été la propriété de Journu Aubert, créé comte de Tustal sous le premier Empire, appartient de nos jours à M. Jacques Piou.

exploité depuis des siècles par la poterie et de nombreux ateliers céramiques ont dû y exister depuis les époques les plus reculées.

Léo Drouyn dans sa *Guienne militaire* [1], en parlant de deux *tumuli*, mottes de terre appelées dans le pays les *Matuques*, qui s'élèvent sur un promontoire, près du village du Piron, situé entre deux petits ruisseaux qui, après s'être réunis, vont se jeter dans la Pimpine, nous apprend qu'il lui semble avoir reconnu en cet endroit l'emplacement d'une poterie gallo-romaine.

Il a dû y avoir dans cette vallée de la Pimpine, à l'époque gallo-romaine comme au moyen-âge, toute une industrie céramique qu'il serait fort intéressant d'étudier, et les archéologues bordelais qui ont attribué à Samos et à Arrezo les poteries romaines ou gallo-romaines trouvées dans la région pourraient peut-être arriver à les identifier d'une manière différente et à reconnaître qu'elles ont été fabriquées tout simplement à Sadirac. Il sera presque impossible de trouver les noms des potiers de cette contrée au-delà du XVIIe siècle, les documents dans lesquels on aurait pu les relever, les actes des notaires et les registres paroissiaux de Sadirac et de Créon n'existant qu'à partir du début de ce siècle. Mais nous pouvons signaler un potier exerçant à Sadirac en 1615. Plusieurs historiens bordelais ont raconté que le roi Louis XIII, passant au mois de décembre 1615 à Sadirac, y avait été reçu par le potier Sarrazin.

On sait que le jeune souverain, âgé alors de quinze ans, était venu à Bordeaux avec sa mère, Marie de Médicis et toute la cour, épouser l'infante d'Espagne, Anne d'Autriche, fille de Philippe III. Après la célébration du mariage en l'église cathédrale Saint-André, le Roi reprit la route de Paris le 17 décembre et, pour gagner Libourne, passa par Sadirac, Créon où il coucha et Branne où il traversa la Dordogne sur un pont de bateaux.

Louis XIII était accompagné d'une suite nombreuse et outre la reine-mère, Marie de Médicis, on remarquait le duc de Guise, le prince de Joinville, amiral de France, le maréchal de Brissac conduisant

1. Bordeaux, 1864, 2 vol. gr. in-4°.

l'avant-garde composée de plus de 6.000 hommes de pied, les comtes de Saint-Paul et de Graumont « conduisant plus de 1.200 bons chevaux maistres et plus de 500 carabins ». Cette force armée considérable avait dû être mobilisée parce que les protestants avaient formé le projet d'empêcher le mariage du Roi avec l'infante d'Espagne et d'attaquer en Guyenne le cortège royal. Les principaux chefs protestants, le prince de Condé, le duc de Rohan, Jean de Fabas, vicomte de Castets, Pardaillan de Boisse, le comte de Saint-Paul, le duc de La Force étaient du complot, mais au dernier moment le comte de Saint-Paul, auquel appartenaient les châteaux de Caumont et de Fronsac en Guienne qui devaient servir de centres de ralliement aux conjurés, se rallia à la cause du Roi, le complot échoua et les chefs protestants en furent quitte pour la honte de l'avoir formé[1].

On peut juger de l'impression ressentie dans ce pays d'Entre-deux-Mers, si calme d'habitude, par le passage de toute une cour, gens d'arme, *impedimenta* de toutes sortes et de ce qui se passa dans une petite ville comme Créon lorsqu'il fallut loger un roi, deux reines et toute leur suite.

Il est évident que nos chefs d'État modernes voyagent aujourd'hui d'une manière bien plus confortable, ils ne daignent pas aller demander l'hospitalité à un simple potier et goûter à sa soupe de famille, la poule au pot du bon Roi, ils préfèrent coucher et manger d'une manière délectable dans de riches wagons capitonnés et ils se contentent d'apercevoir leurs sujets par les fenêtres d'un train filant à 80 kilomètres à l'heure, tout en fumant des cigares exquis. Il n'en était pas ainsi autrefois, les souverains, pour visiter leurs États, voyageaient à petites étapes, ils s'arrêtaient longtemps dans chaque localité, ils écoutaient les doléances de leurs sujets, ils se rendaient compte par eux-mêmes de leurs besoins, ils prenaient véritablement contact avec le peuple, sans crainte du poignard de l'assassin et encore moins de la bombe de l'anarchiste.

Louis XIII resta deux jours à Libourne, il ne se borna pas à recevoir les visites des autorités et à s'asseoir devant une table chargée de

[1]. Guinodie fils aîné, *Histoire de Libourne*, Bordeaux, 1843, 3 vol. in-8°.

mets succulents, mais en brillant cavalier qu'il était déjà, il monta à cheval, parcourut le pays, visita Saint-Emilion et Fronsac, bravant les regards farouches des protestants qui rôdaient dans le pays.

Certains souverains modernes aiment encore à voyager à la manière de nos anciens rois et nous avons pu voir tout récemment par nous-même le jeune roi d'Espagne venir à Arcachon avec sa femme, se promener au bord de la mer au milieu des pêcheurs criant Vive le Roi ! tandis que leurs femmes demandaient familièrement à la Reine : « Et votre petit, Madame, comment va-t-il ? » Mais nos présidents de république prennent plus de précautions, ils ne se mettent en route qu'entourés de toute une armée de policiers, et dans ces voyages présidentiels les véritables chefs du protocole sont le chef de la sûreté générale et le préfet de police qui généralement se montrent trop, d'autant que par leur attitude et leur tenue ils ne sont guère décoratifs.

Il est vrai que parfois les longs voyages qu'entreprenaient les souverains à travers les provinces n'étaient pas sans danger et étaient souvent entourés d'incidents de toutes sortes. C'est ce qui arriva à Louis XIII et à sa cour dès le départ de Bordeaux, et un poëte qui était du cortège royal nous a laissé une relation du voyage et notamment de ce qui se passa dans le court trajet de la capitale de la Guyenne à Libourne [1].

Il paraît d'abord qu'en traversant la Garonne devant Bordeaux les voyageurs eurent à essuyer les effets peu redoutables du mascaret qu'en bons parisiens, habitués aux flots tranquilles de la Seine, ils prirent pour une tempête :

> Nous estions sur la rivière
> Quand chacun fit sa prière
> Craignant le peril des eaux,
> Et nous tramblasmes de crainte
> Voyant en péril les Seaux [2].

1. *Aventures du retour de Guyenne, A l'imitation de la chanson des Pèlerins de Sainct-Jacques. Et se chante sur le mesme.* M.DC.XVI. (Bibliothèque de l'auteur.) Pièce très rare dont il y a eu une édition moderne publiée en 1873 par Eusèbe Castaigne.

2. Le Chancelier ou garde des sceaux était à cette époque Nicolas Brûlard de Sillery.

Mais voicy que sur la rive
Une grand'Princesse arrive,[1]
Qui voit que de toutes parts
Agitez par la tempeste
Nos vaisseaux estoient espars.

Sous l'aspect de son visage
Soudain se calma l'orage,
Et cette belle Thetis
Rendit à son fils Achille
Tous les flots assubjettis.

A Creon nostre couchee
La Cour fut bien empeschee,
Nous n'avions ny pain ny vin,
Et sans Parfait le bon homme
Ma foy nous mourions de faim.

Nous n'avions laquais ny page,
Derriere estoit le bagage,
Chacun estoit desconfit,
Et sans le Roy nos deux Roynes
Coucherent en un mesme lict.

Enfin logez pres la halle
Sans avoir coffre ny malle,
Nous eusmes toute la nuict
L'aubade des volontaires
Qui nous firent un beau bruit.

Nous avions dessus nos testes
Trois ou quatre vielles bestes,
Et fusmes tout estonnez
Que toute nuict ces sorcieres
Nous pisserent sur le nez.

On a écrit au sujet de ce voyage de la Cour dans l'Entre-deux-Mers que beaucoup de personnages de la suite avaient eu à souffrir

1. Marie de Médicis.

des rigueurs de la saison — on était en décembre — que plusieurs furent malades et moururent même en route.

Jean Darnal dans sa *Chronique* [1] nous donne les véritables causes des indispositions d'une nature spéciale dont furent atteints certains voyageurs et certaines dames « nobles et honnestes » :

« Le Jeudy 17 Decembre audit an 1615, le Roy, la Royne, et toute la Cour partirent de Bourdeaus, et allerent coucher en une petite ville appéllée Créon, à quatre lieües de Bourdeaus, avec grande incommodité, à cause des boües, et rigueur de l'hyver, qui faisait ja ses effects.

« La dite année y eut à Bourdeaus si grande abondance de vins qu'on n'en y eut jamais tant.

« Beaucoup de personnes de la suite de la Cour, moururent à Bourdeaus, et en chemin aussi, et le bruit commun estoit, que les vins doux de Gascongne, qu'ils bevaient trop freschement, et sortant par manière de dire de la cuve causaient lesdites maladies, joinct les grands froids, et neges, qui estoient lors. »

En somme le mal qu'éprouvèrent maints hauts seigneurs et maintes gentilles dames, en sacrifiant un peu trop aux vignes du Seigneur, est ce que nous appelons aujourd'hui, prosaïquement, une cure de raisin.

Le potier Sarrazin reçut donc chez lui le Roy qui s'était arrêté à Sadirac, quelques heures avant de gagner Créon où il devait coucher et « il l'hébergea en s'excusant de ne pouvoir faire mieux, vu que les gens de guerre l'avaient ruiné ». Louis XIII l'affranchit alors de toutes redevances et lui permit de mettre sur sa porte une fleur de lis [2].

La poterie de Sarrazin était située presque à côté de l'église, dans l'ancienne maison noble de Labadie ou Mayne — pour domaine — de Labadie, que Louis XIII érigea en terre de « franc alleu roturier » qui fut possédée jusqu'au dix huitième siècle par les successeurs de

1. *Supplément des Chroniques de la Noble Ville et cité de Bourdeaux...* par Jean DARNAL. Bourdeaux, 1620, in-4°, p. 91.

2. *Les Châteaux historiques et vinicoles de la Gironde...* par Ed. GUILLON. Bordeaux 1866-69, 4 vol. in-8°, t. IV, p. 78 et suiv.

Sarrazin qui mourut nonagénaire, le 15 mai 1622. Il fut enterré dans le cimetière de Sadirac où sa tombe se voyait encore en 1789 ; c'était une pierre sur laquelle étaient sculptés une croix, un contre et un soc de charrue[1]. »

Il y avait encore au dix-huitième siècle des Sarrazin potiers à Sadirac. Nous avons déjà dit[2] qu'en 1742 Jacques Hustin, le directeur de la manufacture de faïencerie de Bordeaux, avait porté plainte contre plusieurs potiers des environs qui faisaient de la faïence grise et couleur café, produit dont il prétendait avoir le monopole. Un de ces potiers était à Sadirac et c'était un Sarrazin, un descendant de celui dont nous venons de parler. Dans la plainte adressée au parlement en avril 1742, Hustin fait savoir que « Sarrazin, tuilier à Sadirac, s'est avisé de faire faire de la fayance et notamment de celle couleur caffé qu'il débite et fait débiter journellement, tant à la campagne qu'en cette ville et autres lieux, ce qui lui cause un préjudice considérable » et il supplie qu'il soit fait « inhibitions et deffenses audit Sarrazin et à tous autres de faire ny faire faire aucune sorte de fayance ni porcelaine, contrefaite, soit en grès, couleur de caffé, ni aucune autre sorte de couleur, à peine de dix mil livres d'amende, et en cas de contravention permettre au suppliant de la faire saizir dans les endroits où elle se trouvera avoir été fabriquée...[3] » Hustin eut à la fin gain de cause et à la suite de plusieurs autres plaintes il obtint le 14 mars 1744 de faire saisir chez les potiers Sarrazin à Sadirac, Marc à Fronsac et Damour à Eyzines, des faïences grises et couleur café indûment fabriquées, et le 12 mai suivant ces marchandises étaient confisquées au profit de l'hôpital des enfants assistés.

Dans une de ses requêtes Hustin faisait ressortir que Sarrazin avait été son ouvrier. Il peut se faire en effet que le père de Sarrazin l'avait envoyé faire son apprentissage à la manufacture de Bordeaux.

Nous avons encore rencontré en 1774 un Sarrazin, potier à Sadirac,

---

1. *Les Châteaux historiques et vinicoles de la Gironde...* par Éd. Guillon. Contre signifie, en vieux langage gascon, couteau.

2. Voir pages 2 et 3.

3. Archives dép. de la Gironde, C, 1608. Il y a dans cette liasse un dossier relatif à cette affaire.

dans un « exporle fourni par Bernard Sarrazin, potier de terre, de la paroisse de Sadirac à la demoiselle Marguerite de Pontac, pour une pièce de bois taillis sise près de Sadirac... [1] »

Au dix-neuvième siècle la poterie de Sarrazin appartenait à M. Fourragnan. « En 1869 le Mayne de Labadie, transformé en petit castel, était la propriété de M. Fourragnan, maire de Sadirac et potier lui-même [2]. » Un autre auteur nous apprend que cette fabrique était déjà en 1843 entre les mains de ce Fourragnan, maire de l'endroit : « Il fabriquait, écrit-il, des tuyaux de tout calibre ; nous avons vu des plus forts diamètres et d'une précision parfaite [3]. »

Les réclamations de Hustin contre les fabricants qui faisaient de la faïence grise ou couleur café nous ont fait connaître un autre potier de Sadirac.

Dans la correspondance de Hustin que nous avons publiée [4] il y a deux ou trois lettres adressées à son commanditaire à Paris, M. de Lamolère, dans lesquelles il est question d'un nommé Colondre, qui fabrique à Créon ou à Sadirac de cette faïence couleur café.

Le 14 juillet 1716 il écrit : « Il y a un nommé Colondre, qui a esté notre tourneur, qui s'est établi à Créon qui n'est qu'à quatre lieues d'icy, où il fait de la vaisselle et poterie en couleur du caffé » et Hustin demande à M. de Lamolère de tâcher d'obtenir des lettres de confirmation de son privilège et d'y faire insérer non seulement la faïence véritable, mais encore « tous les vernis en couleur de caffé ou autrement. Colondre fait porter toutes les semaines à Bordeaux 8 ou 10 banastes (?) de ses ouvrages ».

Le 7 mai suivant Hustin écrit encore : « Un de nos ouvriers, nommé Colondre, fait du côté de Sadirac, Entre-deux-Mers, de la fayance couleur caffé. »

Était-ce à Sadirac ou à Créon que Colondre avait son atelier? Ces

1. Acte de Saugeon, notaire. Contrôles des actes, Archives départementales de la Gironde.

2. Guillon, op. cit.

3. *Statistique du département de la Gironde*, par P. Jouannet. Bordeaux, 1843, t. II, 2ᵉ partie, p. 352.

4. Bordeaux, 1904, op. cit.

deux paroisses étaient voisines et Hustin a pu confondre facilement l'une avec l'autre.

Ce qu'il y a de sûr, c'est que le 4 octobre 1718 le faïencier bordelais obtient la confirmation de ses lettres patentes de 1714 lui accordant le privilège de fabriquer outre la faïence « la porcelaine contrefaite ou fayance grise, couleur de caffé et de toutes autres couleurs[1] ».

Nous avons relevé pour le dix-huitième siècle plusieurs noms de potiers de Sadirac dans les minutes de certains notaires de Bordeaux, mais on en trouverait bien d'autres certainement dans les actes des notaires de Créon. Quant aux registres paroissiaux de Sadirac, ils fourniraient également de nombreux actes concernant les potiers, mais on n'a pas cru devoir les mentionner dans l'*Inventaire sommaire des Archives départementales de la Gironde*[2], on a considéré que ces humbles professionnels étaient de trop petits personnages. Voici les noms que nous pouvons citer :

En 1763, 16 août, Étienne Lestreille dit le Petit, potier de terre à Sadirac, signe une obligation à M. Antoine Rouillard, prêtre[3] ; en 1764, le 29 mars, apprentissage de Pierre Arnaud, fils de feu Jean Arnaud, potier de terre quand il vivait à Sadirac[4] ; en 1765, le 11 juin, quittance par Étienne Rives, marchand potier à Sadirac[5] ; en 1765, le 11 novembre, obligation par Pierre Chatellier, potier de terre à Sadirac[6] ; en 1765, le 20 novembre, traité par lequel Pierre Chatellier, Guillaume Salaut, dit Ganibette et Bertrand Daribaud, tous trois fabricants de poterie de terre à Sadirac « s'obligent de fabiquer pour le compte de Jeanne Audibert, veuve de Bertrand Hosteins, marchande de poterie sur le port, près la porte Bourgogne, paroisse Saint-Michel, toute la poterie de différentes espèces qu'elle leur ordonnera pour être transportée de Sadirac en cette ville...[7] » ; en 1767,

1. Ces lettres patentes ont été publiées par le Dr Azam dans *Les Anciennes faïences de Bordeaux*, 1880, in-8°.
2. Série E. Supplément, t. I (1898).
3. Acte de Barbarie, notaire à Bordeaux.
4. Acte de Barberet, notaire à Bordeaux.
5. Acte de Lavau, notaire à Bordeaux.
6. Acte de Brun jeune, notaire à Bordeaux.
7. Acte de Perrens, notaire à Bordeaux.

le 9 mars, obligation par Pierre Boulan, potier de terre, de la paroisse de Sadirac [1] ; en l'an III, le 8 floréal (27 avril 1795), « vente par le district au citoyen Pierre Ribeyrot, fayancier de Sadirac, moyennant 3125 livres, d'une terre à Sadirac, venant de la fabrique dudit lieu... [2] » Enfin, les potiers de Sadirac étaient célèbres puisque c'est dans cette paroisse qu'un sieur Nicolas Moreau de Riancourt, capitaine de cavalerie à Saint-Domingue, vient recruter en 1771 deux compagnons potiers, Jacques Pradel et Nicolas Charron, pour aller créer une poterie dans cette riche colonie française [3].

Mais le nom que nous avons rencontré le plus souvent chez les notaires bordelais ou dans les contrôles des actes est celui de Goumin. En 1765, le 9 décembre, contrat de mariage de Jean Goumin, natif de Sadirac, fils de Bernard Goumin, maître potier de terre et de feue Marie Derives, avec Marie Mouliney [4] ; en 1767, le 19 octobre, traité « par lequel Jean Goumin, potier de terre, de la paroisse de Sadirac, s'oblige de faire travailler à ses dépens pendant une année la poterie qui appartient à sieur Géraud Ducros, marchand potier de terre, hors les murs, place Bourgogne, lequel s'oblige de lui pour les marchandises de poterie à raison de 20 sols la douzaine » [5] ; en 1771, le 2 août, quittance de Jean Goumin, marchand à Sadirac, à Guillaume et Marie Cancel, frère et sœur, marchands, place Bourgogne à Bordeaux [6] ; en 1788, le 1ᵉʳ août, bail à cens à Étienne Goumin, marchand de Sadirac, de deux pièces de terre dans la paroisse de Lignan ou de Sadirac, par M. Christophe Gernon, écuyer aux chartrons [7] ; en 1790, le 12 janvier, mariage de Bernard Goumin, marchand de Sadirac, Entre-deux-mers, fils de sieur Jean et de demoiselle Marguerite Hellies, avec demoiselle Catherine Audigey, fille du sieur Étienne, marchand de Ludon et de feue Jeanne Coussin... [8] » ; en 1792, le 15 mars

1. Acte de Dugarry, notaire à Bordeaux.
2. Vente par le Directoire du département, le 22 germinal.
3. Acte de François, notaire à Bordeaux. Voir la pièce justificative Nᵒ 13.
4. Acte de Lacoste, notaire à Bordeaux.
5. Acte de Laville, notaire à Bordeaux.
6. Contrôles, Archives de la Gironde.
7. Acte de Hazera, notaire à Bordeaux.
8. Acte de Séjourné, notaire à Bordeaux.

testament de Jean Goumin aîné : il laisse une nièce, deux neveux et un frère[1] ; en l'an V, 1er pluviôse (20 janvier 1797), mariage du citoyen Bernard Goumin, fabricant de fayance à Sadirac, avec Marie Peyron, de Montussan[2] ; en l'an V, 19 prairial (7 juin 1797), testament de Jean Goumin aîné, marchand de Sadirac, lègue la jouissance de tous ses biens à Marguerite Élie, son épouse, et institue, pour son héritier général et universel, Jean Goumin, son troisième fils[3] ; en l'an VI, le 26 germinal (15 avril 1798), Bernard Goumin, fossés de la Commune n° 11, avec Pierre Amadieu, rouleur à la douane, loue à Lagénie, demeurant au canton de la Rode, à Bordeaux, trois échoppes audit canton de la Rode, moyennant 400 livres par an[4]. Il y eut encore au dix-neuvième siècle des Goumin, potiers à Sadirac, et on remarquait vers 1874 un Gabriel Goumin, au village de Menudey et un Jean Goumin, au Rozat. Nous avons eu le plaisir de causer dernièrement avec le dernier des Goumin, également potier dans cette commune, et nous avons eu de lui certains renseignements que nous aurons à utiliser à la fin de ce paragraphe.

D'ailleurs l'industrie de la poterie ne périclita pas à Sadirac après la Révolution. Dans la *Statistique du département de la Gironde* publiée en 1843[5], on lit : « On compte 40 fabriques de poterie dans le département, mais Sadirac est la seule commune où cette industrie ait pris un assez grand développement ; on y connaît trente fours, sans compter les deux où l'on cuit de la faïence. Il y a dans Sadirac 83 ouvriers potiers et trois cents manœuvres dont l'occupation est d'aller dans les bois couper la bourrée, nom local de l'espèce de fagots que consomment les fours. La consommation de ce combustible est considérable, on l'évalue, année moyenne, à douze cent mille bourrées, et bien que la commune ait sept lieues de circonférence, elle est forcée, pour s'approvisionner complètement, de recourir aux communes

1. Acte de Hazera, notaire à Bordeaux.
2. *Ibid.*
3. Sous-seing privé, Contrôles, Archives de la Gironde.
4. Acte de Maillères, notaire à Bordeaux.
5. Par F. Jouannet, t. II, p. 352.

voisines, jusqu'à la distance de 12000 mètres. La bourrée coûte 5 francs le cent, et le port un franc.

« La journée de l'homme qui extrait l'argile est de deux francs par jour, on lui doit de plus la soupe et le vin ; ceux qui reçoivent la terre extraite sont payés un franc par jour et nourris ; l'ouvrier potier gagne un franc cinquante et il est nourri ; le simple manœuvre reçoit un franc par jour et la nourriture. Il n'y a point d'ouvrier supérieur ; tous sont de la commune, excepté les faïenciers qui sont ambulants, mais on n'en compte que deux.

« Sadirac fabrique toute espèce de vases de ménage, une quantité considérable de formes pour le raffinage et des tuyaux de tout calibre. Le principal débouché de Sadirac sont les communes environnantes pour la poterie, Bordeaux et les colonies pour les formes et l'intérieur pour les tuyaux. »

Dans une *Statistique générale de la Gironde*, publiée plus tard, en 1874 [1], on lit encore au sujet de Sadirac : « L'industrie de la poterie est encore aujourd'hui l'occupation d'une grande partie de la population de Sadirac. L'extraction de l'argile se fait au moyen de puits qui n'ont pas généralement plus d'un mètre de diamètre. Cette industrie occupe aujourd'hui environ 80 ouvriers et produit des poteries de ménage brutes ou vernies, des tuyaux et des formes à sucre. Elle expédie sur Bordeaux, Angoulême, Poitiers, La Rochelle, Cognac, Mont-de-Marsan, etc. »

Les principaux potiers de Sadirac au dix-neuvième siècle furent : Allégret, Constantin, Coquet, Dumas, Roques, Noiselleau, Ribeyrolle, Monsion, Roux, Lameyrat, Larrère, Fontaneau, Gros, Mandouce. Il y avait encore au commencement du vingtième siècle à Sadirac six fabricants de poterie : Allégret, Dumas, Goumin, L. Monsion, J. Monsion et Roux.

Nous avons cru devoir nous étendre un peu longuement sur les potiers de Sadirac parce que nos lecteurs auraient certainement trouvé étonnant, qu'en leur faisant connaître l'existence d'une faïencerie dans

1. Par Ed. Féret, t. II, p. 376.

cette localité, nous n'ayons rien dit des ateliers de poterie qui étaient depuis longtemps et qui ont été plus tard la principale industrie du pays.

Il est donc tout naturel que dans cette paroisse de Sadirac, où la production céramique était si abondante vers le milieu du dix-huitième siècle, un de ces potiers, sachant que le monopole de la grande manufacture de faïence de Bordeaux allait expirer en juillet 1762, ait songé, dès le début de cette année, à y fabriquer de la faïence, comme le firent d'autres potiers du Bordelais dans certaines localités de la région, ainsi que nous venons de l'exposer pour Podensac et ainsi que nous allons le voir pour Lignan dans le paragraphe suivant.

Le potier de Sadirac qui va joindre à son atelier de poterie la fabrication de la faïence est un nommé Jean Lavergne. Au mois d'avril 1762 il adresse un placet au Conseil du Roi pour obtenir la permission d'établir une faïencerie à Sadirac. Nous ne connaissons pas le texte de ce placet qui, après avoir été envoyé à Paris, est revenu à Bordeaux dans les bureaux de l'Intendance, puis a été retourné à Paris ; il a dû s'égarer dans les cartons de ces différentes administrations et nous ne l'avons trouvé ni aux Archives départementales ni aux Archives nationales. Mais par une lettre que Lavergne écrivit quelque temps après, en avril 1762, à l'Intendant de Bordeaux, pour lui demander si le Contrôleur général avait répondu à son placet, il nous apprend qu' « il est étably depuis onze années à Sadirac où il fait de la fayance grise parfaite, en fournit à tout ce qu'il y a de grand à Bordeaux et que si il lui étoit permis d'en faire de blanche, il la porteroit à sa dernière perfection et feroit un grand bien au public, ayant une parfaite connoissance pour cela[1]. »

Le 22 avril suivant l'Intendant de Bordeaux, Ch.-R. Boutin, donnait un avis favorable à la demande de Lavergne[2] et le 11 mai celui-ci obtenait un arrêt du Conseil l'autorisant d'établir « dans la paroisse de Sadirac, proche Bordeaux, à compter du premier juillet prochain, une manufacture de fayance, pour y fabriquer, vendre et débiter

1. Pièce justificative N° 8.
2. Pièce justificative N° 9.

toutes sortes d'ouvrages de fayance, à la charge par luy de n'employer dans ses fourneaux que des bois d'ozier, de pin et de bruyères [1] ».

Jean Lavergne était donc, lorsqu'il fait sa demande en 1762, établi depuis onze années à Sadirac, comme il le fait savoir dans sa lettre à l'Intendant de Bordeaux et il fait ressortir que s'il lui était permis de fabriquer de la faïence il la porterait au dernier degré de perfection « ayant une parfaite connaissance pour cela. » Où avait-il pu apprendre le métier de faïencier? Comme presque tous ses confrères qui établirent des ateliers à Bordeaux et dans la région, comme les deux ouvriers qui essayèrent d'installer une fabrique à Podensac, à la grande fabrique du faubourg Saint-Seurin de Bordeaux, chez Hustin.

En effet, en consultant les registres des anciennes paroisses de Bordeaux nous avons relevé dans ceux de la paroisse Saint-Seurin, de 1743 à 1750, quatre baptêmes d'enfants nés de « Jean Lavergne, tourneur en fayance, habitant rue de la Petite Taupe, et de Jeanne Germain [2] ». Voilà bien notre potier de Sadirac et de plus la rue de la Petite Taupe, la rue Huguerie actuelle, se trouvant à quelques pas de la manufacture de Hustin, cours du Jardin public, il est bien certain que c'est là qu'il était tourneur en faïence. Après 1750 nous ne rencontrons plus le nom de Jean Lavergne ; c'est vers cette époque qu'il alla s'établir potier à Sadirac, puisqu'en 1762 il nous dit lui-même qu'il y travaille depuis onze années.

Nous sommes suffisamment fixé sur l'état civil du faïencier de Sadirac et sur ses antécédents de céramiste, mais ce que nous ignorons complétement, c'est l'endroit exact où était situé son atelier et jusqu'à quelle époque il a fonctionné. Dans le questionnaire que l'abbé Baurein avait dressé sur les paroisses de l'Entre-deux-Mers [3] et que nous avons déjà cité, questionnaire qui a dû être rédigé sous Louis XVI, vers 1780 peut-être, il est fait mention de deux faïenceries

1. Pièce justificative N° 10.

2. Reg. paroissiaux de Saint-Seurin, Archives municipales, GG-722 et 727 : 1743, 6 juin, baptême de François, 1747, 4 octobre, baptême de Jean-Étienne décédé le 7 février 1748, 1749, 13 janvier, baptême de Arnaud, 1750, 1ᵉʳ mai, baptême de Françoise.

3. Voy. à la page 13.

à Sadirac ; une de ces deux fabriques était-elle celle de Lavergne ? C'est possible. Quelqu'un qui aurait pu nous renseigner à ce sujet, c'est François-de-Paule Latapie, l'inspecteur des Manufactures, dont nous avons eu à citer souvent dans nos *Notes et Documents* sur les faïenceries de la région le *Journal de Tournée* publié dernièrement dans un des volumes des *Archives historiques de la Gironde*[1]. Latapie fut nommé inspecteur des Manufactures en 1777 ; il partit le 24 mars 1778 pour sa première tournée, passa par Langoiran, Cadillac, Saint-Macaire où il traversa la Garonne, et Langon d'où il gagna le Bazadais, l'Agenais et le Condomois, mais il alla directement par eau de Bordeaux à Langoiran où il coucha et repartit le lendemain pour Cadillac, sans s'être donné la peine de gravir les coteaux de l'Entre-deux-Mers où il aurait pu peut-être inspecter quelques fabriques et notamment les nombreux ateliers de potier qui existaient, comme nous l'avons vu, à cette époque à Sadirac.

Nous ne savons donc rien de bien précis, pas plus par Latapie que par l'abbé Baurein, sur la faïencerie de Lavergne à Sadirac. La *Statistique du département de la Gironde* publiée en 1843 et à laquelle nous avons déjà emprunté[2], dit bien qu'il y avait encore à cette époque dans cette commune deux fours où l'on cuisait de la faïence. Un de ces fours était-il celui de Lavergne passé en d'autres mains ? Nous ne le croyons pas, d'autant moins qu'il est question de deux fours et non de deux faïenceries et que plus loin l'auteur de cette statistique ajoute que « les faïenciers sont ambulants, mais on n'en compte que deux. » Il est probable que deux des potiers de Sadirac fabriquaient à cette époque certaines poteries recouvertes d'un vernis blanc sans décor et qu'on appelait faïence, mais qui n'était pas de la vraie faïence à émail stannifère et cuite au grand feu. C'est ce qu'on appelait et ce qu'on appelle encore dans certains ateliers de poterie *faire du blanc*.

Nous savons bien que les antiquaires et amateurs bordelais donnent le nom de Sadirac à toutes ces faïences communes au décor grossier, aux couleurs vives et crues, rouge, bleue, verte et ocre qu'on ren-

1. T. XXXVIII (1903), p. 324 et suiv.
2. *Voy.* à la page 23.

contre dans les marchés et les foires et dans les boutiques de marchands de poteries, et qui ornent les vaisseliers de nos paysans et même les murs de certaines salles à manger bourgeoises. Mais nous tenons d'un potier de Sadirac, M. Gounin, dont la famille exerce depuis plus d'un demi-siècle dans cette localité, comme nous l'avons déjà fait savoir [1], que jamais à sa connaissance on n'y a produit de ces faïences. Il faut donc supposer que ces faïences grossières aux couleurs voyantes et de mauvais goût, qui déparent les murs de certains appartements et de quelques boutiques de marchands antiquaires de second ordre, proviennent de fabriques de Bretagne, de Rennes ou de Quimper, ou de Martres dans la Haute-Garonne.

Tout ce que nous pouvons dire, c'est qu'un nommé Jean Lavergne, ancien ouvrier tourneur en faïence de la manufacture de Hustin de Bordeaux, s'établit potier à Sadirac vers 1750, qu'il obtint l'autorisation en 1762 d'y fabriquer de la faïence, mais quelles furent la durée et la nature de cette fabrication? C'est ce que nous n'avons pu savoir, malgré les recherches que nous avons faites.

§ 3. — FAÏENCERIE DE LIGNAN.

C'est dans cette même vallée de l'Entre-deux-Mers, arrosée par le petit cours d'eau, la Pimpine et où nous venons de voir s'établir, à Sadirac, un atelier de faïencerie, qu'en cette même année 1762, un propriétaire du pays installa sur ses terres une autre fabrique de faïence.

Lignan est aujourd'hui une petite commune de 360 habitants voisine de celle de Sadirac et dont le bourg est situé sur la rive gauche de la Pimpine à 25 mètres d'altitude. Elle fait partie du canton de Créon (7 kil. O.-N.-O.) et de l'arrondissement de Bordeaux (14 kil. E.-S.-E.)

Au dix-huitième siècle Lignan était une paroisse de 83 feux, res-

1. Voy. pages 22 et 23.

sortissant à l'archiprêtré de Génissac, à la juridiction de la grande prévôté de l'Entre-deux-Mers et à l'élection de Bordeaux [1]. On y remarquait et on y remarque encore une église romane du xiie siècle très intéressante, possédant une curieuse statue du xve siècle de Saint Jean-Baptiste [2], les anciens châteaux féodaux de Lille-Fort ou l'Isle-Fort et de la Ligne et les maisons nobles de Seguin, de Puygerin et de Sentout [3]. C'est sur cette dernière terre que son propriétaire va établir une faïencerie en 1762.

Lignan ne fut jamais, que nous sachions, un centre céramique comme Sadirac, nous n'y avons jamais rencontré de potiers et il est probable que ses habitants ne pouvaient profiter du banc d'argile exploité de tout temps, comme nous l'avons expliqué, et avec tant de succès par les habitants de Sadirac. Quoi qu'il en soit, un riche propriétaire de l'endroit, Dominique Maurice Luebieilh, ou de Luebieilh, avocat au parlement de Bordeaux et qui possédait à Lignan la maison noble de Sentout, voulut installer une faïencerie sur ce domaine et demanda au mois de juin 1762 au Conseil du Roi l'autorisation de construire cet atelier et de l'exploiter après l'expiration du privilège de la manufacture de Hustin de Bordeaux, c'est-à-dire à partir du mois de juillet suivant. Le propriétaire de la terre de Sentout fait cette demande de concert avec un professionnel, un faïencier du nom de François Bernard Saëton et l'autorisation leur est accordée par arrêt du Conseil en date du 17 août 1762 [4].

Dominique Maurice Luebieilh, le propriétaire en 1762 de la terre de Sentout, appartenait à une famille originaire du diocèse de Dax, et était fils de Jean Luebieilh, procureur au parlement de Bordeaux et de Catherine Maurice. Il était né à Bordeaux, dans la paroisse Saint-

---

1. Abbé Expilly, *Dictionnaire des Gaules...*, 1766.

2. Cette statue en albâtre de 0m 71 de haut, et d'un art grossier est reproduite en photographie dans *Album d'objets d'art existant dans les églises de la Gironde*, par J.-A. Brutails, 1908, in-4°.

3. Voy. sur ces châteaux et Maisons nobles : Guillon (Ed.), *Les châteaux historiques et vinicoles de la Gironde*, 1866-69, 4 vol. in-8°, et abbé Marcel Lacaze, *Lignan (Gironde)*, 1898, in-8°. Ce dernier auteur a publié encore : *Créon à travers les siècles*, 1902, in-8°.

4. Pièces justificatives Nos 14 à 17.

Éloi, le 13 septembre 1716[1]. Les Luchieilh étaient devenus propriétaires de cette maison noble de Sentout à Lignan par leur alliance avec les Maurice, bourgeois de Bordeaux et le titre de Sentout était même resté à ces derniers, car on trouve au dix-huitième siècle des Maurice de Sentout et même un Jean-Jacques Maurice de Sentout, conseiller au parlement, président aux requêtes[2], et on verra plus loin que Dominique Luchieilh donna son domaine de Sentout à ce dernier, son cousin germain.

Quant au faïencier avec lequel Dominique Luchieilh s'était pour ainsi dire associé pour adresser sa demande d'autorisation au Conseil du Roi, il sortait de la manufacture de faïence de Bordeaux de Hustin, comme les autres faïenciers qui avaient été, ainsi que nous l'avons vu, s'établir à Podensac et à Sadirac.

François, *alias* Bernard Saëton, se maria le 6 septembre 1740 en l'église Saint-Seurin de Bordeaux avec Marie Juverneau et il est qualifié dans l'acte religieux « fayancier, fils de Bernard Saëton, fayancier[3] ». Or, la manufacture de faïence de Hustin, la seule existant alors à Bordeaux, était située dans le faubourg Saint-Seurin et il est évident que les Saëton père et fils travaillaient dans cette fabrique. De plus lorsque l'enfant que François Saëton avait eu de ce mariage en 1746 vient à mourir en 1750, il est inhumé dans le cimetière de Saint-Seurin, le 25 avril, en présence de Jacques Cousson[4] » et nous savons d'une manière certaine que ce Cousson travaillait également dans les ateliers de Hustin ; son nom figure très souvent dans les nombreux documents que nous possédons sur cette importante manufacture bordelaise.

1. Reg. paroissial de Saint-André, Arch. municipales de Bordeaux, GG. 66.
2. Voy. sur les Maurice de Sentout, Pierre Meller : *Armorial Bordelais*, 1907, 3 vol. in-4° et *État civil des familles bordelaises avant la Révolution*, 1904, in-8°. M. Meller n'a pas connu la maison noble de Sentout à Lignan qu'il ne faut pas confondre avec une autre maison noble de Sentout à Taïanac et non à Cabanac, comme l'a écrit par erreur M. Meller. Par suite de cette prononciation défectueuse qui fait que dans le Midi on prononce souvent la syllabe *sen*, *sain*, on trouve dans les cartes du XVIIIe siècle de Cassini et de Belleyme *Sentout* écrit *Sainton* et même dans celle de l'État-Major *Sainton* (!) et il en est de même pour le Sentout de Tabanac.
3. Reg. paroissial de Saint-Seurin, Archives municipales de Bordeaux, GG. 715.
4. Acte de baptème, du 14 juin 1746, et acte d'inhumation. *Ibid.* GG., 720 et 729.

Il est bien certain que c'est ce Saëton, que nous appellerons dans la suite Bernard, car c'est le prénom qu'il prit, après la mort de son père sans doute, qui s'occupa de la partie technique du nouvel établissement de Lignan, Dominique Lucbieilh n'en étant que le propriétaire et le bailleur de fonds. Les ateliers furent assez rapidement construits, ils fonctionnaient déjà quatre mois après l'autorisation obtenue le 17 août 1762, car le 20 décembre suivant Dominique Lucbieilh passait avec Saëton un bail à ferme par lequel il lui loue « la manufacture royalle de fayance à luy appartenant » et dont Saëton, est-il dit, est codirecteur, pour une durée de sept années à partir du 1er janvier 1763, moyennant le prix de quatre cents livres [1].

Bernard Saëton était donc devenu, à la suite de ce bail, seul directeur de la faïencerie de Lignan. Mais Dominique Lucbieilh venant à lui manquer comme bailleur de fonds, il dut en chercher un autre et le 30 décembre suivant il signait un acte de société avec un autre avocat bordelais, François Jalabert, qui versait une somme de deux mille livres pour sa part dans l'association avec droit au quart des bénéfices et cela pour la même durée que le bail à ferme consenti par Lucbieilh [2].

Avec les subsides que lui apportait son nouvel associé, Saëton put achever de mettre sa fabrique en état et la faire fonctionner régulièrement.

On peut s'étonner que Dominique Lucbieilh ait eu l'idée d'établir une faïencerie sur sa terre de Sentout, située à si peu de distance de Sadirac où une autre faïencerie allait être installée. La maison noble de Sentout en effet se trouve dans la partie sud de Lignan, dite Haut-Lignan, qui forme une pointe très prononcée entre les communes de Cénac et de Sadirac. Mais c'est l'expiration du privilège de Hustin, arrivant en juillet 1762, qui avait provoqué l'établissement de tous ces ateliers céramiques, à Podensac, à Sadirac, à Lignan, comme dans

1. Acte du notaire bordelais Faruel, Archives départementales de la Gironde. Pièce justificative N° 19.

2. Acte du notaire bordelais Brignet, Archives départementales de la Gironde. Pièce justificative N° 20.

plusieurs faubourgs de Bordeaux, et d'ailleurs Dominique Luchieilh pouvait ignorer qu'une demande d'autorisation semblable à la sienne avait été adressée au Conseil du Roi par un potier de Sadirac, car l'arrêt du Conseil autorisant la manufacture de cette dernière paroisse est du mois de mai 1762 et la requête de M. Luchieilh du mois de juin suivant.

Après son association avec l'avocat bordelais, c'est-à-dire à partir de l'année 1763, nous ignorons dans quelles conditions Saëton fit marcher sa fabrique de Lignan, mais ce qu'il y a de sûr, c'est qu'il n'y eut pas entente parfaite entre lui et son propriétaire, Dominique Luchieilh, car un document daté de 1764 nous a appris qu'un procès était pendant entre eux deux. Ce document est une transaction par laquelle ils résilient purement et simplement le bail à ferme du 20 décembre 1762. Il y est dit, entre autres choses « qu'en raison de la régie et de l'administration de la manufacture de faïence il se serait mû plusieurs contestations et introduit différentes instances entre les sieurs Luchieilh et Saëton, tant au civil qu'au criminel, notamment un procès qui est actuellement pendant en la première chambre des enquêtes de la Cour... mais les amis communs des dites parties, de concert avec leurs conseils, les auraient portés à préférer la voye d'un accommodement amiable, par plusieurs raisons auxquelles ils ont accédé... » En conséquence et par cette transaction Saëton renonce pour toujours à tous droits et privilèges dans la manufacture en faveur de Dominique Luchieilh, moyennant le prix de quatre cents livres. Le bail du 20 décembre 1762 est annulé, Saëton s'engage à vider les bâtiments de la manufacture dans le délai d'un mois et il cède à M. Luchieilh, moyennant trois cents livres, certains effets mobiliers, marchandises, outils et ustensiles qui lui sont propres[1].

Saëton quitta donc, au mois de juin 1765, la faïencerie de Lignan qui resta la propriété entière de Dominique Luchieilh et nous n'avons pu savoir si ce dernier avait continué à la faire exploiter par un autre directeur. Cependant, au commencement de l'année 1767, M. Luchieilh

---

1. Acte du notaire bordelais Gatellet, du 6 mai 1765, Pièce justificative Nº 21.

fait donation à son cousin germain, M. Jean-Jacques Maurice Sentout, conseiller du Roi, président aux requêtes au parlement de Bordeaux, de son domaine de Sentout à Lignan, y compris « le droit et privilège de la fayencerie, fours et magasins [1] ». Le donateur se réservait la jouissance du domaine jusqu'à sa mort qui ne survint qu'en 1783. Dominique Lucbieilh mourut le 13 août de cette année. Dans l'acte d'inhumation il est qualifié « écuyer, ancien avocat de Bordeaux, époux de dame Marie-Thérèse Ferreyre, décédé dans sa maison de La Fosse, derrière et près La Croix-Blanche dans le faubourg Saint-Seurin, âgé de 67 ans [2]. » C'est en 1746 qu'il avait épousé Marie-Thérèse Ferayre, fille de Nicolas Ferayre « bourgeois et citoyen [3] ».

D'après les textes que nous venons de produire il est certain qu'il a existé à Lignan, sur le domaine de Sentout, une faïencerie qui a fonctionné à partir de 1763, qui appartenait au propriétaire de ce domaine, Dominique Lucbieilh ou de Lucbieilh, avocat au parlement de Bordeaux et qui fut dirigée d'abord par Bernard Saëton, un faïencier sortant de la grande manufacture de faïence de Hustin de Bordeaux. Après la dissolution de la société existant entre Dominique Lucbieilh et Bernard Saëton en 1765, la faïencerie de Lignan a-t-elle continué à fonctionner et M. Lucbieilh, qui en était resté propriétaire, en a-t-il confié la direction à un autre faïencier ? On pourrait le croire d'après les documents que nous publions ici, mais il n'y en a aucune preuve certaine. Le questionnaire de l'abbé Baurein sur les paroisses de l'Entre-deux-Mers que nous avons déjà cité deux fois et que nous croyons avoir été dressé vers 1780, est muet sur la paroisse de Lignan, mais il mentionne deux faïenceries à Sadirac, alors qu'il n'y en a eu qu'une seule, comme nous l'avons expliqué. Le correspondant de l'abbé Baurein, qui était le curé de Sadirac, a pu faire comme beaucoup d'autres curés correspondants du savant abbé, ne fournir que des renseignements vagues et erronés — plusieurs questionnaires sont même restés sans

---

1. Acte du notaire bordelais Cheyron, Archives départementales de la Gironde. Pièce justificative N° 22.

2. Registre paroissial de Saint-Seurin, Archives municipales de Bordeaux, GG. 755.

3. Registre paroissial de Saint-Michel, 28 septembre 1746. *Ibid.*

réponse — et comprendre dans les deux ateliers qu'il signale, comme fonctionnant dans sa paroisse, celui de Lignan situé, comme nous l'avons vu, à peu de distance de Sadirac. Dans ce cas les fours de Lignan auraient encore fabriqué vers 1780, mais ce n'est là qu'une hypothèse.

Et ce qui pourrait faire croire encore que l'atelier créé par Dominique Lucbieilh sur son domaine de Sentout à Lignan a été compris par le correspondant de l'abbé Baurein, le curé de Sadirac, dans les deux faïenciers qu'il signale comme fonctionnant dans la paroisse, c'est qu'il y a eu encore au dix-neuvième siècle une poterie dans cette partie de Sadirac voisine de Lignan, au village de Jean-Arnaud, et qui faisait partie autrefois du domaine de Sentout. Pendant la Révolution cette maison noble a dû être vendue comme bien national, elle a appartenu au siècle dernier à une famille Gillet, la poterie qui avait sans doute remplacé la faïencerie a été détruite et, d'après les renseignements qui nous ont été fournis, il n'en reste aujourd'hui aucune trace [1].

Quant aux produits de cette manufacture, il en est comme de ceux de tous les ateliers de second ordre du Bordelais et des autres régions, produits communs qui n'ont pas été conservés par les collectionneurs et qu'il est impossible aujourd'hui d'identifier. Nous avons cependant acheté tout dernièrement deux assiettes trouvées à Lignan et comme elles ne ressemblent à aucune faïence connue, elles pourraient avoir été fabriquées dans cette localité. La forme en est assez élégante, les bords sont contournés, l'émail est un peu gris mais très dur et le décor se compose d'une fleur dans le fond et de fleurettes sur le marli, assez bien dessinées, décor dans lequel, comme dans toutes les faïences du sud-ouest, le rouge est remplacé par le violet manganèse.

Des trois faïenceries que les documents que nous avons découverts et qu'on trouvera à la suite de cette notice, comme pièces justificatives, nous ont fait connaître, deux, celles de Sadirac et de Lignan, ont certainement existé et fonctionné ; quant à la troisième, celle de Podensac, son existence, ainsi que nous l'avons expliqué, nous paraît

1. Nous devons ces derniers détails à l'obligeance de M. l'abbé Faux, curé de Sadirac.

douteuse. Toutes les trois avaient été autorisées, par le Conseil du Roi, à fabriquer en 1762, après l'expiration du monopole de Hustin, le propriétaire de la manufacture de Bordeaux, et il est possible que les deux ateliers de Sadirac et de Lignan aient pu allumer leurs fours dès cette année même et ne les éteindre définitivement que pendant la Révolution.

On peut donc affirmer qu'on a fabriqué de la faïence au dix-huitième siècle à Sadirac et à Lignan et en cherchant dans les anciennes habitations de ces deux communes on pourrait peut-être encore trouver quelques pièces qui serviraient à identifier les produits céramiques de la vallée de la Pimpine.

PIÈCES JUSTIFICATIVES

DOCUMENTS CONCERNANT

TROIS FAÏENCERIES DU BORDELAIS AU DIX-HUITIÈME SIÈCLE
A PODENSAC, SADIRAC ET LIGNAN

provenant des Archives Nationales, des Archives départementales de la Gironde et de Notaires Bordelais.

DOCUMENTS

RELATIFS

A TROIS MANUFACTURES DE FAIENCE

ÉTABLIES OU A ÉTABLIR EN 1762 DANS L'ANCIEN BORDELAIS

A PODENSAC, SADIRAC ET LIGNAN

Transcrits et communiqués par M. Ernest LABADIE.

I. — **DEMANDE** adressée à Ch.-R. Boutin, intendant de la Généralité de Bordeaux, par Mathieu Faugère et Jean Proché, faïenciers bordelais, pour établir une manufacture de faïence à Podensac.

Archives départementales de la Gironde, C. 1766.

A Monseigneur de Boutin, conseiller du Roy en ses Conseils, intendant en la Generalité de Guienne.

Monseigneur,

Mathieu Faugère et Jean Proché ont l'honneur d'exposer à Votre Grandeur que la protection singulière qu'elle accorde aux gens à talens les portent (sic) à la solliciter pour obtenir de Sa Majesté en faveur des exposans la permission d'établir dans l'un des fauxbourgs de cette ville une nouvelle manufacture de faïence.

Les motifs des exposants, Monseigneur, sont si justes et le bien publiq si evident, qu'ils osent esperer que Votre Grandeur fera parvenir leur demande au pied du thrône avec cette attestation qui démontre avec efficacité les soins paternels qu'elle prend à accroitre le bonheur des peuples que Sa Majesté lui a confiés.

Les exposants ont l'honneur de vous representer, Monseigneur : primo, qu'une seule manufacture de faïance dans cette ville est insufisante non seulement pour la consommation des habitants, mais encore pour la multitude des étrangers que la vaste etendue du commerce y attire de toutes parts.

2° Les marchandises qui se fabriquent dans une seule manufacture sont d'un prix si exorbitant que les marchands en detail preferent de la faire venir des autres villes du Royaume et même de l'etranger, à la prendre chés le sieur Jacques Hustin, ce qui ce verifie tous les ans par la grande quantité de faïance que les Hollandais et Italiens y apportent chaque foire, comme il conste par les declarations faites à l'hotel des Fermes, enlevent insy à la ville un argent considerable qui au lieu de circuler dans son sein passe dans les mains de l'étranger sans aucun retour.

De là, Monseigneur, les inconvenients qui resultent de l'établissement d'une seule Manufacture de faïance dans cette ville, et les grands avantages qu'il y auroit d'en augmenter le nombre. Bordeaux exige d'autant plus cette augmentation qu'elle est bien plus considerable que d'autres villes du Royaume, comme Rouen, Nevers, Marseille, Moustiers, etc., qui en renferment jusques à douze dans leur sein ; de plus, la rivalité de plusieurs manufactures fera que la faïance en sera plus belle, mieux conditionnée, meilleur marché, le publiq plus satisfait et plus soulagé, ce à quoy les exposants s'emploiront de tout leur pouvoir.

Il est, Monseigneur, un objet que le bien publiq rend encore bien interessant, c'est que les exposants se proposent de n'employer pour leur cuitte que du bois de pin, d'osier et bruyères, œconomie qui en epargnant le bois de chauffage, enrichira les habitants des landes par le defrichement que l'employ de ce même bois de bruyère qui leur est à charge ocazionnera et qu'ils remplaceront par quelque denrée qui augmentera leur revenu.

Tels sont, Monseigneur, les motifs qui servent d'appuy à la demande des exposants. Mais de quelle consequence ne paroîtront-ils pas à Sa Majesté, lorsqu'ils seront presentés par un magistrat revetu d'une partie de son autorité royalle et qui l'emploit avec cette integrité qui le rend vrayment illustre, et dans l'attante de cette grace les exposants ne cesseront d'adresser leurs vœux pour la santé et prospérité de Monseigneur.

FAUGÈRE et PROCHÉ.

Non daté (janvier 1762).

II. — LETTRE de Trudaine, conseiller du Roi au Commerce, à Ch.-R. Boutin, intendant de Bordeaux, lui adressant la demande précédente.

Archives départementales de la Gironde, C. 1766.

A Paris, ce 23 janvier 1762.

Monsieur,

J'ai l'honneur de vous envoyer un mémoire des Srs Faugère et Proché qui demandent la permission d'établir dans le village de Poudensac, près Bordeaux, une Manufacture de fayance, pour laquelle ils se proposent de n'employer que des bois de pin, d'osier et de bruyères. Je vous prie de vouloir bien me mander si vous trouvez quelqu'inconvenient à leur accorder cette permission.

Je suis avec respect, Monsieur, votre tres humble et tres obeissant serviteur.

M. Boutin.

TRUDAINE.

III. — LETTRE de Ch. R. Boutin, intendant de la Généralité de Bordeaux, à Trudaine, conseiller du Roi, donnant un avis favorable à l'établissement d'une manufacture de faïence à Podensac.

Archives départementales de la Gironde, C. 1766.

A Bordeaux, ce 5 mars 1762.

Monsieur,

J'ay l'honneur de vous renvoyer le placet par lequel les sieurs Faugère et Proché demandent la permission d'établir dans le village de Poudensac, près Bordeaux, une manufacture de fayence pour laquelle ils se proposent de n'employer que des bois de pin, d'ozier et de bruyères. Cet etablissement, Monsieur, se présente sous un point de vue d'autant plus favorable que les exposans m'ont dit etre en état, avec leurs femmes et leurs enfans, de remplir tous les travaux de cette fabrique, au moyen de quoy, la main d'œuvre leur contant peu de chose, ils pourront livrer leurs marchandises à meilleur compte que celles des manufactures qui ne sont exploitées que par des ouvriers à gages. D'autre part, MM. les entrepreneurs des deux fabriques de fayence, dont l'une est etablie à Bordeaux et l'autre à Libourne, font des representations qui peuvent meriter des egards: l'un et l'autre ont fait des frais considerables qui peuvent tourner à leur ruine si leurs ouvriers les quittent pour former eux mesmes des etablissemens de la mesme nature. Les exposans sont en effet des ouvriers de la manufacture de Bordeaux dont le proprietaire a obtenu un privilège d'arrondissement de dix lieues qui, à la verité, va expirer, mais dont il doit vous demander le renouvellement, et je sçais que les circonstances de la guerre luy ont fait jusqu'à present un grand prejudice par le defaut de debouché pour ses marchandises dont ses magasins sont remplis. En cet etat, Monsieur, vous avez à vous determiner entre la faveur que merite le projet d'un etablissement nouveau dont le succès peut être avantageux au public, et les egards qui sont deus pour des etablissemens dejà formés, qui deperiroient par l'effet d'une concurrence qu'ils ne pourront soutenir. Dans ce doutte je pencherais beaucoup en faveur du nouvel etablissement proposé, parce que ce n'est qu'en les multipliant que l'on peut exciter l'industrie et même procurer le bon marché et par l'accroissement de la consommation qui doit en estre l'objet. En ce cas, la permission que vous accorderiés ne contiendroit aucun privilège, et cette nouvelle manufacture ne pourroit commencer à debitter qu'à l'echeance du privilège accordé à M. Hustin, entrepreneur de la manufacture de Bordeaux.

IV. — ARRÊT du Conseil du Roi autorisant l'établissement d'une Manufacture de faience à Podensac.

Archives Nationales, E. 1367ᵃ.

Le 23 mars 1762.

Sur la requête présentée au Roy en son Conseil par les sieurs

Mathieu Faugère et Jean Proché, contenant que la manufacture de fayance établie à Bordeaux étant insuffisante, non seulement pour la consommation de ses habitants, mais encore pour le nombre infini d'étrangers que l'étendue de son commerce y attire, ils auroient formé le projet d'en établir une dans le bourg de Poudensac ; que cet etablissement seroit d'autant plus utile au commerce que les marchandises qui se fabriquent dans une manufacture munie d'un arrondissement de dix lieues, telle que celle que le sieur Hustin a établie à Bordeaux, sont d'un prix si exorbitant, que les marchands en détail preferent d'en faire venir de l'étranger, ce qui se vérifie tous les ans, par la grande quantité de fayance que les Hollandais et les Italiens aportent à chaque foire de Bordeaux, et que ce que l'on peut encore constater par les declarations qui en sont faites à l'hôtel des Fermes ; qu'ils sont d'autant plus dans le cas d'obtenir cette permission que le privilège exclusif qu'a obtenu le sieur Hustin pour la ville de Bordeaux et dix lieues d'arrondissement, expire au premier juillet prochain, et que l'utilité publique exige qu'il ne soit pas renouvelé. Requeroient à ces causes les supliants qu'il plût à Sa Majesté leur permettre d'établir dans le bourg de Poudensac près Bordeaux, à commencer du premier juillet prochain, une manufacture de fayance pour y fabriquer, vendre et debiter toutes sortes de fayanceries, sous l'offre qu'ils font de n'employer pour la cuite de leur fayance que des bois de pin, d'ozier et de bruyère, faire en conséquence defenses à tous particuliers de les troubler dans l'exploitation de la dite fayancerie et ordonner que, sur l'arrêt qui interviendra, toutes lettres nécessaires seront expediées. Vu ladite requête, les representations faites à ce sujet par les sieurs Hustin et Vandebrande, entrepreneurs des manufactures de fayance etablies à Bordeaux et à Libourne, ensemble l'avis du sieur Boutin, intendant et commissaire departi en la Generalité de Bordeaux, ouï le raport du sieur Bertin, conseiller ordinaire au Conseil Royal, controleur general des finances ;

Le Roy en son Conseil a permis et permet aux sieurs Mathieu Faugère et Jean Proché d'etablir au bourg de Poudensac, près Bordeaux, à compter du premier joillet prochain, une manufacture de fayance, pour y fabriquer, vendre et debiter toutes sortes d'ouvrages de fayances, à la charge par eux de n'employer dans leurs fourneaux que du bois de pin, d'ozier et de bruyères. Fait Sa Majesté deffenses à toutes personnes de quelque qualité et condition qu'elles soient de troubler les sieurs Faugères et Proché dans l'exploitation de la dite fayancerie, à peine de tous dépends, dommages et intérêts, et seront sur le present arrêt toutes lettres necessaires expediées.

De Lamoignon ; Berryer ; Bertin.

V. — LETTRE de Trudaine, Conseiller du Roi, à Ch.-R. Boutin, intendant de Bordeaux, l'informant qu'un arrêt du Conseil autorise l'établissement d'une faïencerie à Podensac.

Archives départementales de la Gironde, C. 1799.

A Paris, ce 27 mars 1762.

Monsieur,

J'ay reçu la lettre que vous m'avez fait l'honneur de m'ecrire, le 5 de ce mois, au sujet de la permission que les sieurs Faugère et Proché ont demandée pour établir une Manufacture de fayance à Podensac près Bordeaux. Il a été rendu le 23 de ce mois un arrêt du Conseil qui leur permet de former cet etablissement, à compter du 1er juillet prochain, comme vous l'avez proposé. Cet arrêt a été envoyé au greffe, d'où ces particuliers peuvent en faire retirer l'expedition. Vous voudrez bien les en faire informer.

Je suis avec respect, Monsieur, votre très humble et très obeissant serviteur.

Trudaine.

VI. — LETTRE de Claude Clérissy, faiencier bordelais, à Ch.-R. Boutin, intendant de Bordeaux, relative à la faïencerie de Podensac.

Archives départementales de la Gironde, C. 1766.

A Monseigneur de Boutin, intendant en la Generalité de Bordeaux.

Monseigneur,

Le sieur Claude Clerissy, fayancier, vient reclamer de votre justice dans une cause qu'il va avoir l'honneur de vous exposer avec une sincère verité.

Le nommé Mathieu Faugère etant sorti de chés M. Hustin, où il etoit commis, et se trouvant sans ressource, fut trouvé le supliant et à force de sollicitations l'engagea à entrer avec luy à entreprendre une manufacture de fayance, l'assurant qu'il se sentoit fort, par le moyen d'une personne respectable et qui tient un des premiers rangs dans cette ville, d'obtenir une permission de la Cour pour le dit etablissement, et en outre lui promettant de fournir la somme de quatre mille livres pour faire touttes les depences naicessaires, lesquelles quatre mille livres il avoit en ces mains et touttes prettes sitot qu'on auroit obtenu la permission de la Cour.

En consequance le supliant qui travail depuis environ cinquante ans ne voullant point paroitre luy même dans la demande qu'on devoit obtenir de la Cour, pour ne pas se metre mal avec le sieur Hustin, fit paroitre en son lien et place le sieur Porché, son beau-frère, et par la protection de Monsieur le premier President et la vôtre, Monseigneur, ils ont obtenu ce qu'ils demandoit, c'est-à-dire de pouvoir etablir une manufacture de fayance dans la petite ville de Poudensac.

Le dit Mathieu Faugère, enflé d'orgueil d'avoir obtenu ce qu'il demandoit, ne manqua pas tout de suite de venir trouver le supliant qui a du tallent et sans quoy led. Faugère ne peut rien faire et qui en outre il savoit que ledit Porché avoit fait un transport de sa portion de la dite permission sur sa tête par notaire, et l'engagea à sortir de chés le sieur Hustin pour mettre en œuvre le dit établissement, et qu'il falloit se transporter au lieu de Poudensac pour prendre connoissance du lieu et arreter un local, ce qui fut fait.

Le supliant, croyant que ledit Faugère agissoit de bonne foy, se laissa persuader, ne croyant pas qu'il fut capable de manquer à ces engagemens, il sortit de chés le sieur Hustin. Cependant led. Faugere, quant il a fallu commencer, a dit qu'il n'avoit point d'argent, et le supliant se trouve reduit depuis environ un mois et demy sur le pavé et sans travail. Cependant il l'amuse toujours par des promesses sans les effectuer, ce qui luy est impossible, n'ayant point d'argent; vous en avés eu connoissance, Monseigneur, lorsqu'il s'est presenté devant vous et que Votre Grandeur luy a demandé s'il etoit en etat de faire ces avances.

Ce consideré, il vous plaira de vos Grâces faire desister ledit Mathieu Faugere de sa portion qu'il a à ladite permission en faveur dudit Jean Porché qui la faira valloir, attendeû que ledit Faugère n'est pas en état de remplir ces engagemens, parce qu'on ne doit point abuser des graces qu'on reçoit de la Cour et qu'il soit qu'ils sortent dans son plain et entier effet. Et le supliant ne cessera de faire des vœux pour la prospérité de Votre Grandeur.

(Non signé et sans date.)

———

VII. — LETTRE de Trudaine, contrôleur général, à Ch.-R. de Boutin, intendant de Bordeaux, lui annonçant l'envoi d'un mémoire du sieur Lavergne pour obtenir la permission d'établir une faïencerie à Sadirac, près de Bordeaux.

Archives départementales de la Gironde, C. 1766.

———

Paris, ce 13 avril 1762.

Monsieur, j'ay l'honneur de vous envoyer un memoire du sieur Lavergne qui demande la permission d'etablir une fayancerie au lieu de Sadirac, à trois lieues de Bordeaux, lorsque le privilege qui a été accordé au sieur Hustin pour la ville de Bordeaux, avec un arrondissement de dix lieues sera expiré. Je vous prie de vouloir bien me mander si vous trouvés quelque inconvenient à autoriser ce nouvel établissement.

Je suis avec respect, Monsieur, votre tres humble et tres obeissant serviteur.

TRUDAINE.

VIII. — DEMANDE d'autorisation par Jean Lavergne à Ch.-R. Boutin, intendant de Bordeaux, de fabriquer de la faience blanche à Sadirac, près de Bordeaux.

Archives départementales de la Gironde, C. 1766.

Monseigneur de Boutin, chevalier, conseiller du Roy en ses conseils, maître de requette, intendant en la Generalité de Bordeaux.

Suplie humblement Jean Lavergne, fayancier à Sadirac, Entredeux-mers, a l'honneur de solliciter Votre Grandeur, de vouloir bien luy faire part si Monseigneur le Controlleur general luy auroit renvoyé un placet que le supliant a eu l'honneur de luy adresser par lequel il suplioit la Cour de luy permettre de faire de fayance blanche.

Le supliant est etably depuis onze années audit Sadirac où il fait de fayance grise parfaite, en fournit à tout ce qu'il y a de grand dans Bordeaux, et s'il luy etoit permis d'en faire de blanche, il la porteroit à sa derniere perfection et feroit un grand bien au public, ayant une parfaite connoissance pour cela. Il espère que votre Grandeur voudra bien luy accorder la grace qu'il a l'honneur de luy demander, et il ne cessera ses vœux pour la conservation de Votre Grandeur

(Non signé ni daté.)

IX. — LETTRE de Ch.-R. Boutin, intendant de Bordeaux, à Trudaine, conseiller du Roi au Commerce, donnant un avis favorable à l'établissement d'une faiencerie à Sadirac.

Archives départementales de la Gironde, C. 1766.

A Bordeaux, ce 23 avril 1762.

M., j'ay l'honneur de vous renvoyer le mémoire par lequel le sieur

Lavergne demande la permission d'établir une fayencerie au lieu de Sadirac, Entre-deux-mers, à trois lieues de Bordeaux. Je ne puis, Mr., vous proposer à ce sujet d'autres observations que celles qui sont contenues dans la lettre que j'ay eu l'honneur de vous écrire le 5 du mois dernier, concernant un pareil établissement. Il est vray que celuy-cy étant plus proche de Bordeaux et de Libourne peut intéresser encore davantage les fayenceries de ces deux villes dont les entrepreneurs ont beaucoup de peine à se soutenir, attendu le defaut de commerce exterieur, mais les mesmes considerations qui vous ont determiné pour permettre une fayencerie à Poudensac et l'expiration du privilège du sieur Hustin, c'est-à-dire au 1ᵉʳ juillet prochain, me paroissent devoir militer en faveur de celle dont il s'agit, la concurrence et l'emulation etant le ressort le plus utile au commerce et aux arts.

Je suis avec respect.

X. — ARRÊT du Conseil du Roi autorisant le sieur Lavergne à établir une faïencerie dans la paroisse de Sadirac, dans l'Entre-deux-mers.

Archives Nationales, E, 1368 n (Conseil du Roi).

Sur la requête présentée au Roy en son Conseil par le sieur Lavergne, fayancier à Sadirac, contenant qu'en 1714 le sieur Hustin obtint pour dix ans un privilège exclusif pour établir à Bordeaux une manufacture de fayance avec un arrondissement de dix lieues ; que l'attention qu'il a eue de faire renouveller son privilège a empêché d'autres particuliers de former de pareils établissements, ce qui l'autorise à vendre sa fayance à un prix si exorbitant que les fayanciers de Bordeaux preferent d'en faire venir de l'étranger ; que le privilège du sieur Hustin devant expirer le premier juillet prochain, l'utilité publique et l'intérêt du commerce exigent qu'il ne soit point renouvellé, et qu'il soit permis aux particuliers, qui le jugeront à propos d'établir de nouvelles fayanceries aux environs de Bordeaux ; que le supliant ayant depuis quelques années reconnu qu'il y avoit dans la paroisse de Sadirac, à trois lieues de Bordeaux, de la terre propre à faire toutes sortes de fayances, il fit construire des fourneaux où il avoit commencé des expériences qui eurent tout le succès qu'il pouvoit desirer ; mais le sieur Hustin en ayant été informé, empêcha le supliant de suivre son entreprise et le força à l'abandonner ; que cependant il seroit en état de faire fabriquer de la fayance avec succès, s'il en obtenoit la permission. Requéroit à ces causes le supliant, qu'il plût à Sa Majesté luy permettre d'établir dans la paroisse de Sadirac, près Bordeaux, à commencer du premier juillet prochain, une manufacture de fayance pour y fabriquer, vendre et debiter toutes sortes de fayancerie, à la charge de n'y employer que les bois de pin, d'ozier et de bruyère qui croissent dans ces cantons ; faire en conséquence défenses à tous particuliers de le troubler dans l'exploitation de ladite fayancerie, ordonner que, sur l'arrêt qui interviendra, toutes lettres necessaires sont expediées.

Vû ladite requête, ensemble l'avis du sieur Boutin, intendant et commissaire départi en la Generalité de Bordeaux, ouï le raport du sieur Bertin, conseiller ordinaire au Conseil royal, contrôleur général des finances ;

Le Roy, en son Conseil, a permis et permet au sieur Lavergne d'établir dans la paroisse de Sadirac, proche Bordeaux, à compter du premier juillet prochain, une manufacture de fayance, pour y fabriquer, vendre et debiter toutes sortes d'ouvrages de fayance, à la charge par luy de n'employer dans ses fourneaux que des bois d'ozier, de pin et de bruyères. Fait Sa Majesté defenses à toutes personnes de quelque qualité et condition qu'elles soient de troubler le sieur Lavergne dans l'exploitation de ladite fayancerie, à peine de tous dépends, dommages et intérêts, et seront sur le present arrêt toutes lettres necessaires expédiées.

De Lamoignon. Beruyer. Bertin.

XI. — **LETTRE** de Trudaine, conseiller du Roi au Commerce, à Ch.-R. Boutin, intendant de Bordeaux, l'avisant que le Conseil du Roi a rendu un arrêt autorisant l'établissement d'une faïencerie à Sadirac.

Archives départementales de la Gironde, C. 1766.

Ce 5 juillet 1762.

Monsieur, en conséquence de la lettre que vous m'avez fait l'honneur de m'écrire, le 23 avril dernier, au sujet de la permission que demandoit le sieur Lavergne d'établir à Sadirac, près Bordeaux, une fayancerie, il a été rendu le 11 may dernier un arrêt qui permet cet etablissement, à compter du premier de ce mois, tems où se trouve expiré le privilège exclusif qu'avoit obtenu le sieur Hustin. Je vous prie de vouloir bien faire sçavoir à ce particulier qu'il ne tient qu'à luy de se faire delivrer une expedition de son arrêt au greffe du Conseil où il a été envoyé.

Je suis avec respect, Monsieur, votre très humble et très obeissant serviteur.

TRUDAINE.

XII. — **LETTRE** de Lavergne, faïencier à Sadirac, à Ch.-R. Boutin, intendant de Bordeaux, relative à la faïencerie qu'il a établie dans cette paroisse.

Archives départementales de la Gironde, C. 1766.

Bordeaux, ce 15 mars 1764.

Monseigneur, j'ause prendre la liberté de m'adresser à Votre Grandeur pour la suplier de voulloir bien me faire la grace de me faire savoir, ce qu'il me coutera pour retirer du greffe l'expedition de l'aret qui a été donné en ma faveur, sous votre protection, pour la manufacture de fayance de Sadirac, au diocese de Bordeaux, comme aussi si cet arrêt peut m'exenter de collecte, tutelle, curatelle, et autres charges de la paroisse.

J'en ay d'autant plus de besoin de cette piece, Monseigneur, que le directeur des Fermes me fait payer les droits de rentrée et sortie de mes marchandises, quoyque de la Senechaussée, jusqu'à ce que je luy fasse voir mon expedition. Je crois aussi, Monseigneur, que cella devroit exempter de la milice mes enfans qui travaillent avec moy, tant les bontés, Monseigneur, que vous avés bien voullu avoir pour moy me font esperer que vous voudrois bien, en me les continuant, m'accorder la grace que j'ay l'honneur de vous demander et croire qu'il n'y a personne au monde qui soit plus respectueusement que moi, Monseigneur, votre tres humble et tres obeissant serviteur.

LAVERGNE, fayancier, à Sadirac, près Créon.

XIII. — TRAITÉ entre Moreau de Riancour, propriétaire à Saint-Domingue, et Charon et Pradel, potiers à Sadirac, pour créer une poterie dans cette île.

Archives de la Gironde, François, notaire.

Du 7 juin 1771.

Pardevant les conseillers du Roy, notaires à Bordeaux, soussignés, furent presents M° Nicolas Moreau de Riancour, capitaine de cavalerie à Saint-Domingue, cartier de Lartibonnite, parroisse Notre-Dame de Verrete, y habitant ordinairement, estant de present en cette ville, logé chez les sieurs Grolin et Venllierode, marchands drapiers, demeurants place du Marché royal, parroisse Saint-Pierre, d'une part ;

Et Nicolas Charon et Jacques Pradel, tous deux compagnons potiers, habitans de la parroisse de Sadirac, Entre-deux-mers, etans de present en cette ville, ez etudes de nous dits notaires, d'autre part ;

Entre lesquelles parties a esté convenu et arrêté ce qui suit : Savoir est que lesd. Charron et Prael se sont engagés ainsy qu'ils s'engagent par ces presentes, pour le temps et espace de trois années entières et consécutives, qui commenceront à courir à compter du jour que lesd. Charon et Pradel partiront de ce port pour s'embarquer sur le

navire *La Julie* de Bordeaux, capitaine le sieur Denons, et qui finiront
à pareil jour de l'année qu'on comptera mil sept cens soixante qua-
torze, envers mondit sieur Moreau de Riancour, ce acceptant ; pour
par lesd. Charon et Pradel se rendre sur l'habitation de mondit sieur
Moreau de Riancourt située audit lieu de Lartibonite, isle de Saint-
Domingue ; et à cet effet de ne pas se desembarquer dudit navire *La
Julie*, pas même descendre à terre quelque relache que fasse ledit
navire, qu'il ne soit arrivé au devant le port et havre de Saint-Marc,
susdite isle Saint-Domingue, lieu de sa destination.

Sur laquelle dite habitation de mondit sieur Moreau de Riancour,
lesdits Charon et Pradel promettent et s'obligent de travailler de leur
metier de poitier et de tout ils se melent et entremelent en iceluy,
pour le compte de mondit Moreau de Riancour pendant lesdits trois
années, sans pouvoir pendant leur cours s'absenter de ladite habitation, ny s'employer pour aucune autre personne, sous quel pretexte
ny pour quelque cauze que ce soit ny puisse être, même d'obeir à
tous les ordres et commandements licites et honnetes qui leur seront
faits par mondit sieur Moreau de Riancour relativement à leur dit
metier de poitier, à la charge par mondit sieur Moreau de Riancour
de fournir auxdits Charon et Pradel les materiaux, terre et autres
choses necessaires pour la confection des ouvrages des formes, pots,
briques, tuilles, carreaux qu'autres ouvrages qui leur seront ordon-
nés, et le nombre sufisant de negres ou autres gens de journées pour
travailler conjointement avec eux auxdits ouvrages de terre et poterie, ensemble les ustencilles et outils sur ce necessaires, et à la charge
encore par mondit sieur Moreau de Riancour de loger, nourrir, blan-
chir, lesdits Charon et Pradel, sains et malades, pendant lesdites trois
années, et de leur fournir pendant le cours des maladies dont ils pouroient se trouver atteints, tous medicaments et traitements necessaires
à ses frais et depens, ainsy que le cout et debours de leur passage
sur ledit navire *La Julie* audit lieu de Saint-Domingue cy-dessus
exprimé. Et en outre qu'il sera compté par mondit sieur Moreau de
Riancour, à chacun desdit Charon et Pradel une somme de cent livres
pour leur service à s'acheter certaines nipes pour leur voyage, sans

qu'elles puissent se precompter sur le prix de leur engagement dont sera cy après parlé.

Et sy pendant le cours desdites trois années lesdits Charon et Pradel venoient à s'absenter de l'habitation de mondit sieur Moreau de Riancour sous quel pretexte que ce puisse être, audit cas il sera permis et loisible à mondit sieur Moreau de Riancour, ainsy que lesdits Charon et Pradel s'y obligent, non seulement de prendre des ouvriers pour faire travailler en leur lieu et place, à leurs frais et depens et à tel prix que ce puisse être, pendant le temps qu'il restera à parachever les susdites trois années, mais encore de les poursuivre pour toutes voyes de droit pour les dommages et intérets qu'il pouroit en resulter à mondit sieur Moreau de Riancodr, reconnaissant lesdits Charon et Pradel que sans la presente convention et son execution mondit sieur Moreau de Riancour n'eut consenty à ces dites presentes.

Le present engagement ainsy fait, sous les clauzes cy-dessus et les reservations cy après, pour et moyennant le prix et somme de mil livres en argent de l'Amerique que mondit sieur Moreau de Riancour promet et s'oblige de bailler et payer à chacun desdits Charon et Pradel pour chacune desdits trois années, demy année par demy année et à la fin de chacune d'ycelles, à peine de tous depens, dommages et intérêts.

Il a été neanmoins convenu entre les dites parties, que, nonobstant ce qui est cy dessus stipulé, lesdits Charon et Pradel pouront, avant l'echeance desdites trois années, quitter l'habitation et travail de mondit sieur Moreau de Riancour, s'ils se trouvent atteints de quelque maladie qui les oblige de repasser en France pour parvenir à leur retablissement; et que si, pour tout autre motif, lesdits Charon et Pradel viennent à quitter l'habitation et travail de mondit sieur Moreau de Riancour, qu'audit cas il demeure reservé audit sieur Moreau de Riancour, comme dessus, de faire payer auxdits Charon et Pradel le montant des frais et debours des ouvriers qu'il sera en droit de prendre en leur lieu et place pour parachever ce qui leur restera à faire de l'echeance desdits trois années du susdit engagement, quand même ils partiroient de suite pour France, comme il est cy-dessus exprimé.

Et finallement est convenu qu'à la fin de la seconde et troisieme année du present engagement sy ledit sieur Moreau de Riancour est content et satisfait de l'exactitude qu'auroient eu lesdits Charon et Pradel à son travail, qu'audit cas il leur baillera et payera à chacun d'eux à chacune desdites deux années une somme de trois cens livres.

Declarent lesdits Charon et Pradel qu'ils ont chacun reçu avant ces presentes vingt quatre livres, à compte de cens livres que mondit sieur Moreau de Riancour s'etoit cy dessus engagé de leur bailler et payer et reellement comptant sur ces presentes en especes au cour à chacun d'eux soixante seize livres dont ils le tiennent quitte et luy en octroyent quittance, de quoy et de tout ci-dessus a esté requis acte octroyé.

Fait et passé à Bordeaux, ez etudes, le sept juin mil sept cens soixante onze. Lesdits Charon et Pradel ont declaré ne savoir signer de ce interpellés. — Moreau de Riancour. Fatin aîné (notaire). François (notaire).

XIV. — **LETTRE de Trudaine, conseiller au Commerce, à Ch.-R. Boutin, intendant, concernant une demande d'établir une faïencerie à Lignan.**

Archives départementales de la Gironde, C. 1766.

(Paris), ce 19 juin 1762.

Monsieur, j'ay l'honneur de vous envoyer un mémoire des sieurs Maurice Luebiels et François Bernard Saëton qui demandent la permission d'établir dans la paroisse de Lignan, entre deux mers, à trois lieües de Bordeaux, une manufacture de fayance. Je vous prie de vouloir bien me mander si vous trouvez quelque inconvenient à accorder cette demande à ces particuliers.

Je suis avec respect, Monsieur, votre très humble et très obeissant serviteur.

TRUDAINE.

XV. — LETTRE de Lucbielh, avocat, et Saëton, faïencier, à Ch.-R. Boutin, intendant à Bordeaux, lui demandant sa protection pour établir une faïencerie à Lignan.

Archives départementales de la Gironde, C. 1766.

A Monseigneur Boutin, conseiller d'Etat, intendant de la province de Guienne.

Monseigneur, Dominique-Maurice Lubieilh, avocat en la Cour, et Bernard Saëton, fayancier, desirant etablir une manufacture royalle en fayance dans la parroisse de Lignan, entre deux mers, distant de trois lieues de Bordeaux, suplient trés humblement Votre Grandeur de leur accorder votre agréement.

Par cet etablissement ils ne recherchent que l'avantage du publiq, soit dans le prix de ces marchandises qu'ils fourniront pour le dedans et le dehors de cette province, soit pour y faire fleurir le commerce, soit enfin pour rendre en culture les terres incultes et absolument inutiles, tout autant que la terre engrayée uniquement propre pour la fayance couvrira la surface de celle qui est au dessous et tres propre pour fructifier.

Ils scavent, Monseigneur, que vous ne recherchés que le bien de l'Etat, celui de la province et l'intérêt particulier du commerce que Votre Grandeur protège.

C'est cette protection que les exposants espèrent de Votre Grandeur, pour leur être favorable à la Cour; ce sera à vous seul, Monseigneur, qu'ils atribueront tout le merite de cet établissement fondé sur des Lettres patentes qu'ils demanderont à Sa Majesté.

De Lucbielhe, Saëton.

XVI. — LETTRE de Ch.-R. Boutin, intendant de Bordeaux, à Trudaine, conseiller au Commerce, donnant un avis favorable à l'établissement d'une faïencerie à Lignan.

Archives départementales de la Gironde, C. 1766.

Bordeaux, ce 16 juillet 1762.

M., j'ai l'honneur de vous renvoyer le mémoire par lequel les sieurs Maurice Luchiels et François, Bernard Saëton demandent la permission d'établir dans la paroisse de Lignan, Entre-deux-mers, à trois lieues de Bordeaux, une manufacture de fayence. Je ne vois, M., d'inconvénient à donner cette permission que par rapport aux entrepreneurs, parce que ce nouvel etablissement ne sera eloigné que de trois quarts de lieue de celuy de Sadirac qui vient d'etre autorisé. Je les en ay prevenus et cette consideration ne les empêche pas de regarder toujours leur projet comme devant leur être avantageux. Dans ces circonstances, il semble qu'il est de l'utilité publique d'admettre la concurrence dans les entreprises de cette nature et de favoriser l'emulation qui est le ressort le plus puissant pour le progrès des arts, les exposans s'engagent à n'employer pour chauffer leurs fourneaux que le bois de pin, la bruyère et les agions, il seroit bon que l'arrêt leur imposât la condition de se conformer à cette soumission. Je suis avec respect...

XVII. — ARRÊT du Conseil du Roi autorisant les sieurs Maurice Luchieilh et François-Bernard Saëton à établir une faïencerie dans la paroisse de Lignan, dans l'Entre-deux-mers.

Archives Nationales, E. 1371 a. (Conseil du roi).

Versailles, le 17 août 1762.

Sur la requête présentée au Roy en son Conseil par les sieurs Maurice Lubieilh et François-Bernard Saëton, contenant que la paroisse de Lignan entre deux mers, distante de trois lieues de Bordeaux, étant située dans un pays qui abonde en bruyères, et à portée d'avoir des bois de sapin, ils ont formé la résolution d'établir dans cette paroisse une manufacture de fayance, qui serviroit à la consommation de ces bois; que cet établissement seroit d'autant plus avantageux que les habitants de Bordeaux sont obligés de tirer de l'étranger une partie de la fayancerie qu'ils consomment, et que par de nouveaux établissements de cette espèce ils auroient au contraire la facilité de s'ouvrir de nouvelles branches de commerce. Requeroient à ces causes les suplians qu'il plût à Sa Majesté leur permettre d'établir dans la paroisse de Lignan entre deux mers une manufacture de fayance, pour y fabriquer, vendre et debiter toutes sortes de fayancerie, à la charge de n'employer pour chauffer leurs fourneaux que les bois de sapin, de la bruyère et des agions qui croissent dans ces cantons, faire en conséquence defenses à tous particuliers de le troubler dans l'exploitation de la dite fayancerie, et ordonner que sur l'arrêt qui interviendra toutes lettres nécessaires seront expédiées.

Vu ladite requête, ensemble l'avis du sieur Boutin, intendant et commissaire départi en la Generalité de Bordeaux, ouï le raport du sieur Bertin, conseiller ordinaire au Conseil Royal, contrôleur general des finances;

Le Roy en son Conseil a permis et permet aux sieurs Maurice Lubieds et François-Bernard Saëton d'établir dans la paroisse de Lignan entre deux mers une manufacture de fayance, à la charge par eux de n'employer dans leurs fourneaux que des bois de pin, de la bruyère et des agions. Fait Sa Majesté défenses à toutes personnes de quelque qualité et condition qu'elles soyent de les troubler dans l'exploitation de ladite fayancerie, à peine de tous depends, dommages et interêts, et seront sur le present arrêt toutes lettres necessaires expediées.

De Lamoignon. Bertin.

XVIII. — **LETTRE** de Trudaine, conseiller au Commerce, à Ch.-R. Boutin, intendant à Bordeaux, l'avisant qu'un arrêt du Conseil autorise l'établissement d'une faïencerie à Lignan.

Archives départementales de la Gironde, C. 1766.

Ce 7 septembre 1762.

Monsieur, j'ay reçu la lettre que vous m'avez fait l'honneur de m'écrire le 16 juillet dernier au sujet de la demande que les sieurs Lubieds et Saëton ont faite tendante à obtenir la permission d'établir une fayancerie à Lignan entre deux mers, près Bordeaux. Il a été rendu, le 17 août dernier, conformément à votre avis, un arrêt qui leur permet de former cet établissement, à la charge de n'employer dans leurs fourneaux que des bois de pin et de la bruyère. Cet arrêt a été envoyé au greffe du Conseil où ces particuliers peuvent le faire expédier. Je vous prie de vouloir bien leur faire savoir.

Je suis avec respect, Monsieur, votre très humble et très obéissant serviteur.

TRUDAINE.

XIX. — **BAIL à ferme consenti par Maurice Lucbieilh, avocat, à Bernard Saëton, de la Manufacture royale de faïence de Lignan.**

Archives départementales de la Gironde, Farmiel, notaire.

Par devant les Conseillers du Roy, notaires à Bordeaux soussignés, fut présent Me Dominique-Maurice Lucbieilh, avocat au Parlement, demeurant au fauxbourg et parroisse Saint-Seurin, dans son bien de La Fosse;

Lequel a par ces présentes fait bail à loyer, ferme et prix d'argent, suivant la coutume, jusques et pour sept années complètes et consécutives, à compter du premier janvier de l'année prochaine pour finir à pareil jour de celle qu'on comptera mil sept cent soixante dix, à sieur Bernard Saëton, codirecteur de la manufacture royale de fayance à luy appartenant et dont sera cy après parlé, à ce présent et acceptant. C'est à savoir le droit et privilège de la Manufacture royalle de fayance établie dans la parroisse de Lignan, Entre-deux-mers, résultant des lettres patentes accordées par Sa Majesté aux sieurs Lucbieilh et Saëton, avec tous les outils arratoires qui sont dans le bien et maison noble de Sentout appartenant audit sieur Lucbieilh, pour par ledit sieur Saëdon en jouir et user durant les sept années seulement relativement et ainsy que les propriétaires des manufactures royalles de fayance en ont le droit.

Cette location ainsy faitte moyennant le prix et somme de quatre cens livres par année que ledit sieur Saëton promet et s'oblige de payer audit sieur Lucbieilh en bonnes espèces d'or et d'argent et non autrement, trois mois par trois mois et à la fin de chacun d'iceux, un terme echû n'attendant l'autre, à peine de tous depens, domages et intérêt, sans que ledit sieur Lucbieilh puisse pretendre aucun autre profit sur les marchandises qui se feront dans ladite Manufacture que la retribution dont sera cy-après parlé. Et comme il y a certains travaux à faire pour rendre ladite Manufacture exploitable, ledit Lucbieilh s'oblige de fournir audit sieur Saëton la somme de deux mille six cens livres en argent ou l'employ de ladite somme, à compte de laquelle il a tout presentement remis audit sieur Saëton, qui le reconnoît, celle de mille livres en billets de ville, payables à son ordre, et qu'il a presentement passés à celui dudit sieur Saëton qui les a pris et retirés à la vue desdits notaires dont quittance octroyé, promettant de lui tenir quitte payés et acquittés. Et où il seroit necessaire que ledit sieur Lucbieilh fit d'autre depence excedant ladite somme de deux mille six cens livres, et qu'à raison d'icelle il soit obligé de batir un autre laboratoire pour reprendre son chay et cuvier où il existe actuellement, ledit sieur Saëton sera tenu et obligé de luy payer dix pour cent par année qu'il fournira, moyennant quoi ledit sieur Lucbieilh renonce à tous les avantages, profits et emolumens que sa manufacture pourra procurer durant les sept années dont ledit sieur Saëton jouira des privileges en resultans durant les dites sept années seulement et expirées qu'elles soient et renonce au profit dudit sieur Lucbieilh, la demoiselle son épouse et leurs ayans cause à tous les droits, avantages et prerogatives qui en dependent, sans pouvoir en user ny y rien prétendre directement ny indirectement en façon quelconque, ce qui est de convention expresse entre les parties comme clauses substancielles des presentes.

Comme aussi ledit sieur Saëton s'oblige de vuider, rendre nets et libres à la fin des dites sept années les logement et manufacture audit bien de Sentout, et de laisser tous les outils sans aucune deterioration ny degradation, sauf l'usage, et à la charge encore par ledit sieur Saëton d'entretenir le tout en bon menager et père de famille, avec pouvoir à celuy-cy de prendre les terres pour la fayance dans l'etendue du bien et pocession dudit sieur Lucbieilh, ensemble le sable qui s'y trouvera et sera propre aux travaux à faire, à la charge par luy de raser et combler les trous qu'il fera faire, pour raison de ce lui accordant en outre la faculté de se servir du jardin dudit bien qui sera commun entr'eux, pour y prendre chacun tout ce qui sera nécessaire pour l'utilité de leur maison, ledit sieur Saëton demeurant tenu de le faire valoir et entretenir à ses frais et depens pendant le cours de son bail.

Il est encore convenu que ledit sieur Saëton s'oblige de fournir annuellement au dit sieur Lucbieilh ou à la demoiselle son epouse, la fayance necessaire à leur maison, sans pouvoir s'en dispenser sous quel pretexte que ce puisse etre aux memes peines que dessus.

Et pour seureté du payement du prix dudit bail durant les dites sept années, des dix pour cent et autres avances faittes ou à faire, est intervenu et fut present sieur Louis-Jacques-Clerc Dumontet, licencié en loix, demeurant aux Chartrons, parroisse Saint-Remy, lequel, à la prière et requisition dudit sieur Saëton, s'est pour luy rendu et constitué caution, garant et repondant du tout, clauses et conditions dudit bail, meme conjointement et solidairement avec ledit sieur Saëton, un seul pour les deux, sous les renonciations de droit, duquel cautionnement les principal et accessoire ledit sieur Saëton a promis de garantir, relever et indemniser ledit sieur Dumontet aux peines de droit.

Et pour l'exécution des presentes, les parties obligent les unes envers les autres et chacune les concernant, solidairement et renonçant comme dessus lesdits sieurs Saëton et Dumontet, sa caution, tous leurs biens, meubles et immeubles presens et à venir, comme aussi ledit sieur Saëton envers ledit sieur Dumontet les siens propres et particuliers, aussi presens et à venir, le tout soumis à justice.

Fait et passé au lieu de Saint-Seurin, en la demeure dudit sieur Lucbieilh, l'an mil sept cent soixante-deux, le vingt du mois de decembre avant midy, et ont signé : DE LUCBIEILH. BERNARD SAËTON. DUMONTET, caution. FARNUEL, notaire. CHEYRON, notaire.

XX. — ACTE de Société entre Bernard Saëton, directeur de la Manufacture de Lignan, et François Jalabert, avocat, pour l'exploitation de ladite manufacture.

Archives départementales de la Gironde, Briquet, notaire.

Pardevant les conseillers du Roy, notaires à Bordeaux, soussignés, a comparu sieur Bernard Saëton, directeur de la manufacture royalle de fayance établie à Lignan, Entre-deux-mers, résultant des lettres patentes accordées par Sa Majesté tant au sieur Lucbieilh qu'audit sieur Saëton, habitant ledit sieur Saëton de ladite parroisse de Lignan, faisant néanmoins son domicille pour cette affaire seulement chez le sieur Gregoire, marchand graisseur près la Fondaudège, parroisse Saint-Seurin, d'une part, et Mⁱ Mᵉ François Jalabert, avocat en la Cour, demeurant rue des Menuts, parroisse Saint-Michel, d'autre part, entre lesquelles parties a été dit que lesdits sieurs Saëton, ayant pris à titre de ferme le droit et privilège de ladite manufacture accordé audit sieur Lucbieilh par lesdites lettres patentes, et en outre le terrain propre et nécessaire à pouvoir établir ladite manufacture dans les bien et possessions appartenant audit sieur Lucbieilh et ce pour le temps et espace de sept années prochaines et consecutives, suivant le contrat de ferme sur ce passé le vingt decembre mil sept cens soixante deux devant Farnuel et Cheyron, son confrère, notaires audit Bordeaux, dhuement controlé audit Bordeaux par Baudouin, et étant ledit sieur Saëton dans le dessein de prendre et d'associer avec luy quelqu'un dans ladite Manufacture, dans tous les proffits qui pourront y être faits pendant tout le temps que durera ladite ferme, ainsy qu'aux pertes qui pourroient y survenir, ce que Dieu ne plaise, icelluy sieur Saëton auroit proposé ladite société audit sieur Jalabert, ce que ledit sieur Jalabert auroit accepté pour l'intérêt d'un quart seulement, tant dans les proffits que perte qui pourra y avoir dans ladite ferme de ladite manufacture de fayance, à la charge par ledit sieur Saëton de rendre des comptes audit sieur Jalabert trois mois par trois mois, tant des pertes que des proffits qu'il pourra y avoir dans ladite manufacture, pour raison duquel interêt que ledit sieur Jalabert prend d un quart seulement dans ladite manufacture, icelluy sieur Jalabert a tout presentement payé, baillé et delivré audit sieur Saéton la somme de deux mille livres, pour icelle servir et faire fonds principal de ladite manufacture et ce en quatre-vingt trois louis d'or de vingt-quatre livres pièce et huit livres monnoye, le tout bon et ayant cours, faisant justement ladite somme de deux mille livres, laquelle ledit sieur Saéton a bien comptée, nombrée, prise et reveue au veu de nous notaires et en octroy quittance audit sieur Jalabert, et declare qu'il va employer ladite somme au fonds principal de ladite manufacture et moyennant ce associe avec luy, pour un quard d'interêt dans ladite manufacture, ledit sieur Jalabert aux proffits et pertes qui pourront s'y faire, a été convenu entre les dites parties qu'à la fin de ladite ferme passée entre les sieurs Saéton et ledit sieur Luchieilh ledit jour vingt decembre 1762, ledit sieur Saéton s'oblige à prendre pour son compte, au prix marchand lors courant generallement, toutes les marchandises qui se trouveront dans ladite manufacture ou provenant d'icelle, cuittes ou à cuire, tant pour ledit capital de deux mille livres que ledit sieur Jalabert luy a tout presentement payé, que pour les proffits qu'il pourroit y avoir dans ladite societé, et ce sous les arrangemens qui seront faits de bonne foy entre lesdites parties pour le payement tant dudit capital que pour lesdits proffits qu'il pourroit y avoir, si mieux n'aime ledit sieur Jalabert prendre pour son compte les dites marchandises, ce qui sera à son choix et obtion. En outre, a eté convenu entre les dites parties que ledit sieur Jalabert pourra prendre pour son usage dans ladite manufacture, chaque année, quatre douzaines d'assietes, trois terrines assorties avec leurs dessous, deux services de cinq plats chacun, l'un rond et l'autre en auvale, deux salladiers et deux saussiers, et ce au choix dudit sieur Jalabert, le tout gratuitement; et pour l'execution et entretien des presentes, lesdites parties ont reciproquement obligé l'une envers l'autre, chacune pour l'effet de leurs promesses, tous et chacun leurs biens meubles et immeubles presens et à venir qu'elles ont soumis à toutes rigueurs de justice, ainsy l'ont promis et juré.

Fait et passé à Bordeaux, dans la demeure dudit sieur Jalabert, le trentiéme du mois de decembre, mil sept cens soixante-trois, aprés midy.

JALABERT. BERNARD SAËTON. BRIGUET, notaire. LAVILLE, notaire.

XXI. — TRANSACTION entre Maurice Lucbieilh, avocat, et Bernard Saëton, faiencier, relative à la faiencerie de Lignan.

Acte de Gatellet, notaire à Bordeaux (Étude Peyrelongue).

Du 6 may 1765.

Par devant les conseillers du Roy, notaires à Bordeaux soussignés, furent présents Mʳ Mᵉ Dominique Maurice de Lucbieilh, avocat en Parlement, demeurant dans sa maison de La Fosse, près l'église et parroisse Saint-Seurin les Bordeaux, propriétaire de la manufacture royalle de fayance établie dans sa maison noble de Centout, parroisse de Lignan, Entre-deux-mers, par arrêt du Conseil du seize aoust mil sept cent soixante trois, ledit privilège originairement concédé audit sieur Lucbieilh conjointement avec sieur Bernard Saëton, cy après domicilié, qui dans la suite y renonça en faveur dudit sʳ Lucbieilh, par contrat du vingt décembre mil sept cent soixante deux, detenu par Mᵉ Farnuel, notaire de cette ville, déclaré duement contrôlé, d'une part ;

Et ledit sieur Bernard Saëton, fabriquant de fayance et fermier actuel de laditte manufacture royalle de fayance, en vertu dudit contrat du vingt decembre mil sept cent soixante deux, demeurant ordinairement dans laditte manufacture, susditte parroisse de Lignan, de present à Bordeaux, logé rue des Combes, parroisse Saint-Pierre, d'autre part.

Entre lesquelles parties a été dit, qu'à raison de la regie et administration de laditte manufacture de fayance et des droits et actions qu'elles pretendoient avoir en icelle, il se seroit mû plusieurs contestations et introduit différentes instances entre lesdits sieurs Lucbieilh

et Saëton, tant au civil qu'au criminel, notamment un procès qui est
actuellement pendant en la première chambre des enquêtes de la Cour,
au rapport de Mr de Chaperon, conseiller du Roy en icelle, sur
l'appel d'une sentence du sénéchal de Guienne du dix huit aoust mil
sept cent soixante trois qui embrasse plusieurs chefs de contestation
que ledit sieur Lucbieilh, qui est appelant de laditte sentence, avoit
été conseillé de faire juger en la Cour, à cause des torts et griefs qu'il
pretendoit en souffrir, en sorte que le procès étoit sur le point de
recevoir sa décision, ledit sieur Saëton soutenant de son côté le jugé
de laditte sentence du Sénéchal, mais les amis communs desdits sieurs
Lucbieilh et Saëton, de concert avec leurs conseils, les auroient portés
à preferer la voye d'un accommodement amiable, par plusieurs raisons auxquelles ils ont accédé. En consequence voulant faire cesser
tout sujet de disention et contestation entre eux et éviter les suites
ruineuses du procès où ils s'étoient engagés, ils ont par ces presentes
traité et transigé sur les susdits procès et sur toutes les autres contestations mues et à mouvoir, pretentions et demandes respectives géné-
rallement quelconque, ainsi et de la manière que s'en suit :

Savoir est que ledit sieur Saëton a par ces presentes et comme autrefois denoncé, comme il denonce très expressément et pour toujours à
tous les droits ou privileges qu'il a ou peut avoir et qui peuvent lui
avoir été accordés en quelque manière que ce soit dans laditte manufacture royalle de fayance appellée de Centout, soit par titres de con-
cession, erection ou autrement, sans aucune exception ni reservation
et sans esperance d'aucun retour, lesquels droits, actions et pretentions ledit sieur Saëton cedde et transporte en tant que besoin seroit
audit sieur Lucbieilh, ce acceptant, et ce moyennant le prix et somme
de deux mille quatre cent livres, en deduction de laquelle ledit sieur
Saëton reconnoit et confesse en avoir recu dudit sieur Lucbieilh avant
ces presentes et en differentes fois, soit en acquit d'arrerages de loyers
ou arjent payé à sa decharge, celle de dix huit cent livres, et à l'egard
de la somme de six cents livres restante, ledit sieur Lucbieilh l'a presentement payée audit sieur Saëton en deux lettres de change de trois
cents livres chacune qu'il a presentement tirées à l'ordre du sieur

Saëton sur le sieur Silva, banquier à Bayonne, datées de ce jour, payables dans six mois, comme valeur reçue en quittance, lesquelles deux lettres de change ledit sieur Saëton a prises et retirées au sû desdits notaires, et acquittées qu'elles soient a leur écheance, il tient quitte ledit sieur Lucbieilh et tous autres de laditte somme de six cent livres, et promet les en faire tenir quittes, envers et contre tous.

Veulent les dittes parties, attendu ces presentes, que ledit contract du vingt decembre mil sept cent soixante deux, en ce qu'il contient bail afferme de laditte manufacture de fayance par ledit sieur Lucbieilh en faveur dudit sieur Saëton, soit et demeure resillié et annullé ; en conséquence ledit sieur Saëton promet et s'oblige de vuider et rendre libre, dans le delai d'un mois de ce jour, les batimens dependans de laditte manufacture de fayance, de tous les meubles meublans qu'il a dans icelle à luy appartenants et de remetre audit sieur Lucbieilh dans ledit delay de toutes les clefs des portes et armoires des dits lieux, ce faisant laisser les choses dans un etat convenable et sans degradation, ainsi qu'un locataire y seroit tenu de droit, a défaut duquel vuidange effectué dans ledit delay d'un mois, sera permis audit sieur Lucbieilh d'y faire proceder contre ledit sieur Saëton par ejection des susdits meubles et ce en vertu de la presente transaction et sans qu'il soit besoin de l'actionner en justice à raison de ce, ni d'observer d'autre formalité qu'un seul commandement en prenant lettres, laquelle clause ne pourra être reputée comminatoire, mais executorialle et de rigueur, comme une condition sans laquelle ledit accord n'auroit eu lieu.

Et comme ledit sieur Saëton a encore dans ladite fayancerie et lieux en dependants certains effets mobiliers, marchandises, outils et ustansiles propres à laditte manufacture de fayance dont il a présentement fourni l'etat arreté de luy audit sieur Lucbieilh, il a été encore convenu que ledit sieur Saëton cedderoit comme il cede et vend par ces presentes audit sieur Lucbieilh tous les dits effets, marchandises, outils et ustanciles contenus dans ledit etat sans exception, pour et moyennant le prix et somme de trois cent livres, laquelle ledit sieur Lucbieilh a payée reellement sur ces presentes audit sieur Saëton, savoir cinquante quatre livres en neuf écus à six livres piece du cours, et les deux cent quarante six livres restantes en une autre lettre de change qu'il a presentement tirée à l'ordre dudit sieur Saëton sur ledit sieur Silva, banquier à Bayonne, datée de ce jour, payable dans trois mois prochains, comme egallement valeur reçue en quittance; laquelle lettre de change et argent, ledit sieur Saëton a aussi pris et retiré au vû desdits notaires, et acquittée que soit ladite derniere lettre à son echéanche; il tient quitte ledit sieur Lucbielh de laditte derniere somme de deux cent quarante six livres, et promet l'en faire tenir quitte envers et contre tous à peine de tous depens, dommages et interets.

Et au moyen des presentes lesdits sieurs Lucbielh et Saëton, acquittées que soient lesdittes lettres de change, reconnoissent etre quittes et promettent de tenir et faire tenir respectivement quittes de toutes demandes, droits et pretentions qu'ils pouroient avoir à exercer, demander et pretendre l'un contre l'autre pour quelle cause et à quelque titre que ce puisse etre, renoncent à ce faire dans pas un temps aucune question ni demande à ce sujet, directement ou indirectement, en consequence consentent que la sentence du sénéchal dudit jour dix huit aoust mil sept cent soixante trois, dont est appel, ensemble tout ce qui s'en est ensuivi et pourroit s'ensuivre, de meme que toutes autres instances et procedures entr'eux pour quoi que ce soit, soient et demeurent de ce jour eteintes et terminées, sans depens de part ni d'autre.

Et aux fins de l'entiere exécution des presentes, les parties obligent, affectent et hypotequent tous leurs biens presens et avenir, qu'elles ont soumis, etc., promettant, etc., obligeant, etc., renonçant, etc. Fait et passé à Bordeaux, dans l'étude de M° Lassus, procureur en sa cour, rue Carpenteyre, parroisse Saint-Pierre, l'an mil sept cent soixante cinq et le sixieme du mois de may aprés midy et ont signé avec lesdits notaires. — SAËTON, — DE LUCBIELH, — CHARDEVOINE (notaire), — GATELLET (notaire).

XXII. — Donation des droits et privilèges de la faïencerie de Lignan.

Archives départementales de la Gironde, Cheyron, notaire.

Pardevant les conseillers du Roy, notaires à Bordeaux, soussignez, fut présent M⁰ Dominique-Maurice Lucbieilh, avocat en Parlement, demeurant au faubourg et parroisse Saint-Seurin lès Bordeaux:

Lequel, sans aucune induction ny persuasion de personne quelconque, mais bien par ce que elle est sa pure et libre volonté et par ces presentes de son pur mouvement, fait don et donation entrevifs et à jamais irrevocable et en la meilleure forme que donation puisse valoir, à M⁰ Jean-Jacques Maurice Sentout, conseiller du Roy, président aux Requêtes du palais du parlement de Bordeaux, y demeurant en son hotel, rue et parroisse Saint-Remy, à ce present et acceptant ladite donnation pour luy et les siens :

C'est à savoir, de tous les biens immeubles, en quoyqu'ils puissent être et consister, generalement quelconques, appellés de Sentout, et ainsy que tous lesdits biens et domaines qui sont nobles, se poursuivent, étendent et comportent de toutes parts dans la parroisse de Lignan, Entre-deux-mers, celle de Sadirac qui l'avoisine et autres circonvoisines, avec tous les fonds quels qu'ils puissent être que ledit sieur donnateur peut avoir acquis depuis quelques années dans l'étendue desdits parroisses étant de Sentout ; ensemble demeure compris en ces présentes, le droit et privilège de la fayancerie, fours et magasins, le tout tel qu'il les jouit, inherants aux biens, avec les appartenances et dependances du tout, sans nulle exception ny réservation de quoy que ce puisse être, sy ce n'est de l'usufruit et jouissance de tous les dits biens et effets donnés pendant le vivant et jusqu'au decès dudit sieur Lucbieilh, comme il sera cy-après expliqué.

Et ont les dits sieurs donnateur et donnataire évalué tous les dits biens et domaines de Sentout et autres effets et objets compris en la dite donnation à la somme de vingt-cinq mille livres................

De Lucrieul, donnateur. Maurice de Sentout, acceptant. Cheyron, notaire. Fatin, notaire.

TABLE DES NOMS

N.-B. — Les noms de lieu sont imprimés en italiques.
Les chiffres suivis de la lettre (n) renvoient aux notes au bas des pages.

TABLE DES MATIÈRES

MÂCON, PROTAT FRÈRES, IMPRIMEURS